团体心理行为训练

主　编　王　昕

副主编　席　芳　王俊平　杨　蕾

编　者　（按笔画顺序排列）

王　昕　王俊平　王晓刚　田志军

任　建　刘建国　陈红宇　杜祖虹

张家红　李　博　杨　蕾　林　睿

保宏翔　席　芳　路园园

華文出版社

SINO-CULTURE PRESS

图书在版编目（CIP）数据

团体心理行为训练/王昕主编. -- 北京：华文出版社，2022.3（2023.6重印）

ISBN 978 - 7 - 5075 - 5528 - 8

Ⅰ.①团… Ⅱ.①王… Ⅲ.①大学生 - 集体心理学 - 心理辅导 Ⅳ.①G444

中国版本图书馆 CIP 数据核字（2021）第 250489 号

团体心理行为训练

主　　编：王　昕
责任编辑：潘　婕
出版发行：华文出版社
社　　址：北京市西城区广外大街 305 号 8 区 2 号楼
邮政编码：100055
网　　址：http：//www. hwcbs. cn
电　　话：总 编 室 010 - 58336239　发行部 010 - 58336202
责任编辑 010 - 63429159
经　　销：新华书店
印　　刷：永清县晔盛亚胶印有限公司
开　　本：787 mm　1092 mm　1/16
印　　张：8. 75
字　　数：194 千字
版　　次：2022 年 3 月第 1 版
印　　次：2023 年 6 月第 2 次印刷
标准书号：ISBN 978 - 7 - 5075 - 5528 - 8
定　　价：58. 00 元

前　言

随着现代生活节奏变得越来越快，人们承受的心理压力也越来越大，各行各业的人、各年龄阶段的人都有不同程度的心理压力，心理困扰成为现代社会一个很突出且普遍存在的问题。加强社会心理服务体系建设，培育自尊自信、理性和平、积极向上的社会心态是党和国家的一项重要战略举措。在军队、院校、机关、企事业单位等不同团体中，开展团体心理行为训练，能够帮助人们正确加强自我认知，提升荣誉感与自豪感，固化心理防线；克服心理惰性，增强面对困难的勇气和战胜困难的毅力；改善人际关系，建立责任感，形成积极合作的机体氛围；启发想象力、创造力，提高解决问题的能力，激发工作热情，提升工作效率。

我们在总结多年心理教育工作经验的基础上，归纳梳理了八个方面的团体心理训练内容，撰写完成了《团体心理行为训练》一书，旨在为读者提供一本简单、实用、操作性强的团体辅导指导用书。本书共九章，大致内容分为基本理论和实践训练两个部分。第一部分为第一章，主要围绕心理行为训练的概念、目的、特点、理论基础、组织实施与基本原则进行简要介绍。第二章至第九章为第二部分，主要从破冰热身、情绪管理、心理调控与放松、自我效能感、人际沟通与团队协作、应激处置、团结协作、潜能激发八个方面梳理了44项心理行为训练项目并详细阐述各训练项目的方法与步骤，为读者提供团体心理训练实践参考。本书以实践训练为重点，强调操作与应用，方便读者迅速掌握训练的操作方法。同时，本书列举的训练项目中，既有简单、安全、易行的训练项目，也有具有一定危险性，超出一般心理负荷，需要专业器械支持的训练项目，方便读者根据实际情况选择性地开展训练。

本书是我校心理应激防御训练课题的研究成果，由王昕任主编，席芳、王俊平、杨蕾任副主编，在编写过程中始终得到陆军军医大学边防卫勤训练大队领导、专家的支持与帮助。同时，本书初稿得到空军军医大学军事医学心理学系肖玮教授、火箭军工程大学政治系张家喜副教授、空军军医大学军事医学心理系王秀超副教授、武警工程大学乌鲁木齐校区买红霞博士，以及中国人民解放军某部队专职心理医师周梁硕士的倾力指导与协助。在此，谨向所有关心并支持本书的领导和专家致以最真挚的感谢！

由于编著者水平有限，本书肯定存在疏漏和不妥之处，恳请广大专家学者和读者给予批评指正。

编　者

2021 年 9 月

目　录

第一章 概 述

一、心理行为训练的概念

心理行为训练是在人为创造的某种环境中，使用一定的刺激手段有意识、有目的地对人的生理和心理施加影响，继而提高心理适应能力和应对能力，增进身心健康和工作效能。简单地说，心理行为训练就是利用特定的手段和方法促进人的某些心理因素形成良好的心理状态的过程。

实践证明，开展心理行为训练能够提高人的心理素质，提升自控和心理调节能力，增进正确的自我意识，增强对陌生与恶劣环境的适应能力和面对危机环境的耐受力，磨炼意志，造就坚强的人格品质。同时，开展心理行为训练还能够增强团队与合作意识，改善社交能力，使人际交往更加融洽，能够更好地融入团队之中，全面增强人群整体心理素质和心理健康水平，增强集体凝聚力，提高工作质量和团体创造力，筑牢更好地工作、生活的健康心理基础。

二、心理行为训练的目的

人们在日常生活、学习、工作中经常会遇到环境适应问题、人际交往问题、自我意识问题等困扰，易导致心理适应不良。心理适应不良是一种暂时性的心理失调，不属于心理疾患，但会对人的人际交往、自我认知、工作开展和任务完成造成一定的障碍。如果不能及时、正确地加以调节和改善，心理适应不良长期存在，会逐渐发展成心理疾病。

心理行为训练的目的就是解决人在日常生活和工作中遇到困难或困境，导致心理适应不良的问题。通过心理行为训练，达到强化个体对自我的正确意识、改善社交能力、融洽人际关系、增强对环境的适应能力和心理耐受力、提高心理活动强度、提升心理自控和调节能力、促进心理健康的目的。

三、心理行为训练的特点

（一）体验激发情感

体验激发情感是心理行为训练的必要条件，也是受训人员心理品质形成的重要环节。从心理学上来讲，人的心理活动从本质上都是因刺激而引起的，对客观环境的体验则是情感形成的桥梁。对客观环境的体验不仅能深化对事物的认识，积累经验，而且能够提高心理活动的水平。

（二）行为改变认知

认知和行为是相互联系、相互影响的。认知是行为的起点，行为是认知的结果，正确或错误的认知能够形成良好或不良的行为，要改变不良行为就必须首先改变决定这种行为的认知。同时，行为对认知又具有调节作用，通过对行为的体验，可以改变原有的认知，建立新的认知结构。

（三）习惯积淀品质

习惯是刺激和反应之间的固定联结，可以是多次无意识重复的结果，也可以是有意练习的结果。心理行为训练就是通过一系列规定动作的反复练习，使之成为习惯，随着这种习惯的养成，逐步积淀内化为稳定的心理品质。

四、心理行为训练的理论基础

心理行为训练是建立在行为心理学、认知心理学、社会心理学和咨询心理学等学科的基本原理之上的一项系统性训练和培养过程。

（一）潜能激发理论

改变环境可以使人产生新的行为，而新行为带来的新体验和对自我的新认知，又会影响今后的行为，这就是利用外界刺激来激发人的潜能，即心理学中的潜能激发理论，通过创设一定的环境来使人产生一定的心理反应，通过特定性行为的发生来开发人的潜能，推动人的心理素质健康发展。

（二）强化理论

1. 经典性条件反射理论

经典性条件反射理论是俄国生理心理学家巴甫洛夫提出的，他通过实验观察发现生物机体在特定条件的反复刺激下能够形成某种相对应的行为。

经典性条件反射具有获得、消退、自然恢复、泛化、辨别五个特征。将条件刺激与非条件刺激多次成对呈现可加强二者之间的联系，最终形成条件反射的过程就是获得过程。如果条件刺激出现后，不再呈现无条件刺激，反复多次之后，就会观察到已经习得的反应的消退。已经消退了的条件反射能够在原先的实验条件下更快地恢复到原先的水平，有时候，消退了的条件反射可以在没有任何进一步训练的情况下再次出现，即自然恢复。泛化是指对某种特定刺激的条件反射形成之后，另外一些类似这一刺激的刺激也可能会诱发出同样的条件反射，新刺激越是近似原来的刺激，条件反射被诱发的可能性也就越大。辨别是与泛化互补的过程，是对事物间差异的反应。在条件反射中，辨别通过选择性强化或消退作用而形成。

2. 操作性条件反射理论

心理学家斯金纳经过大量研究提出操作性条件反射理论，即人的绝大多数行为都不是由刺激情境引发的，而是机体的自发行为。行为的结果决定着行为是否会再次出现，这就是操作性条件反射。行为的结果就是一种强化，强化可以是正强化，也可以是负强化。一个行为的发生，随着这个行为出现了刺激的增加或刺激强度的增加导致了行为的增强称为正强化；一个行为的发生，随着这个行为出现了刺激的移去或刺激强度的降低导致了行为的增强称为负强化。

（三）社会学习理论

社会学习是指通过观察环境中他人的行为及行为结果来进行学习。社会学习理论认为，人的大部分社会行为是通过观察他人、模仿他人而学会的，通过观察而学习的能力能够使人们获得较为复杂的、有内在统一性和模式化的整体行为。模仿是指在没有外界控制的条件下，个体受到他人行为的刺激，自觉不自觉地使自己的行为与他人相仿。例如，一个幼儿园的孩子观察到身边某个孩子的某个行为受到老师的表扬后，他也会习得这种行为。这种学习主要发生在对他人行为的观察中，因此也被称为观察学习或模仿学习。心理学家班杜拉认为，许多社会行为通过观察、模仿即可习得，无论是直接观察，还是间接观察，观察习得的是某种行为的方式，当环境条件允许时，就会外化为行为表现。

五、心理行为训练的组织与实施

（一）训前准备阶段

1. 熟悉训练对象

熟悉训练对象的情况，主要是掌握训练对象的年龄、文化程度、家庭状况、健康状况、工作经历、生活事件、接受能力、心理状态等，通常可采用座谈会、与训练对象交谈、心理测试、听取训练对象直接领导的介绍等方式开展。

2. 拟订训练计划

训练计划一般分为年度训练计划和阶段性训练计划，内容包括训练对象、训练目的、训练内容、方法步骤、训练时间、器材保障、训练场地、注意事项等要素。

3. 编写训练教案

训练教案一般分为三部分：一是提要部分，包括训练目的、训练内容、时间分配、训练重点等；二是教学内容的具体安排，主要包括实施步骤、内容安排、方法手段、活动规则、注意事项等；三是训练总结，简要概括训练过程、归纳重点问题、评价训练效果、指出存在问题、明确下一步训练要求等。

4. 检查器械、器材与场地

一是检查器械、器材是否完好，通过看、摸、试等方法，对所需器械、器材逐一进行检查。二是检查器械、器材是否充足，根据训练项目设置和受训人员数量准备足够的所需器械、器材。三是检查场地是否符合要求，主要检查训练场地是否开阔平坦、是否存在外界干扰、是否存在安全隐患等。

5. 培训保障人员

一是对保障人员进行系统训练，使其熟悉明确训练内容、要求和保障措施。二是开展训练器械和装备性能、保管及维护等专业知识培训，使其熟练掌握训练器械的正确使用方法，熟悉安全装备的维护要求，保证训练安全实施。

（二）训练实施阶段

1. 观察受训人员的表现

在训练过程中，由于各种情境的刺激，受训人员会自觉不自觉地产生相应的行为变化，对受训人员的言行举止都必须观察清楚。通过观察受训人员的言语、行为、情绪等的变化，可以及时了解其心理状态，把握其内心活动和心理变化，适时进行心理调适和行为引导。

2. 调适受训人员出现的问题

部分受训人员可能由于个人认知上存在的盲点和误区，形成不合理认知，表现为对自己、对训练情境和对他人出现不恰当评价。对此，必须根据受训人员的个性特点加以及时引导并纠正，帮助其建立正确的认知模式。在训练中，部分受训人员出现的消极情绪不仅使其个人得不到应有的心理体验，实现不了培养心理素质的目的，而且会对其他受训人员的情绪产生负面感染。教练员需要及时进行调控，化解和消除不良情绪反应，保证受训人员以积极的情绪投入训练之中。在训练过程中，有些受训人员在困难和失败面前表现为惊恐发呆、手足无措、望而却步等行为反应，不仅不能实现训练的预期目的，甚至会对受训人员的心理产生负面效应，教练员对这种行为反应要有意识地、及时地矫正。

3. 确保训练安全

在训练实施过程中，教练员应时刻注意训练器械、器材是否正常、受训人员行为是否正确、保障人员是否做好准备等情况，一旦发现有异常情况，应立即予以纠正，必要时中止训练进程，待危险因素解除后再重新开始训练，确保训练过程中不发生意外。同时，在训练过程中必须反复强化保障人员的安全责任意识。

（三）交流总结阶段

1. 抓好交流回顾

在实践训练之后，应组织受训人员交流分享自己在训练过程中的心理感受和收获。成功完成训练能够增强受训人员的自信心，提高自我认知能力，学会处理心理反应的方法。交流成功的经验能够使受训人员再现心理体验过程，重温成功的喜悦，达到强化心理品质的作用。对于没有完成训练的人员也应进行回顾，总结教训。回顾是一种合理宣泄的过程，可通过倾诉缓解失败的痛苦。同时，回顾也是一种共同探讨的过程，通过集思广益，找到失败的真正原因，进而纠正不合理的认知或者错误的行为应对方式。

分享交流不应受外界自然因素和人为因素干扰，教练员事先根据课目内容可设置一些鼓励、启发、引导性的问题供受训人员在实践中进行正确的领会和运用，并不断地总结和提炼。

2. 搞好训练点评

训练后的点评要运用心理学相关原理解释训练中出现的各种心理现象，用心理疏导和心理调适的方法帮助受训人员解决心理问题，用心理辅导技能消除心理障碍。同时，每个训练项目所要培养的心理品质侧重点不同，在点评时必须针对每个项目所要实现的目的、解决的问题、达到的要求，结合受训人员个体心理变化状况，进行有针对性的分析和辅导。此外，通过点评，使受训人员认识到训练不能一蹴而就，也不可能立竿见影，需要不断训练，反复强化才能积淀成为稳定的心理品质，懂得如何结合日常工作和生活的磨炼，不断拓展心理素质养成，正确面对生活、工作中遇到的各种问题。

六、心理行为训练的基本原则

心理行为训练是对个体的心理施加积极影响的过程，也是直接转化人的“内心世界”的特殊教育过程。它是心理工作的重要手段，也是人们在日常生活和工作期间维护心理健康的必要手段之一。实施心理行为训练必须遵循以下几个原则。

1. 促进身心健康发展原则

任何心理行为训练方法的使用都必须有利于人身心健康发展的需要，坚持完全自愿的原则。心理行为训练是培养受训人员对自我心理状态的调节能力，受训人员是否自愿配合是影响心理训练效果的主要因素，训练参与程度要由受训人员自己掌握。任何强迫受训人员完成训练任务的做法均会增加受训人员的不适感、恐惧感，甚至是厌恶感，加重其心理负担，训练效果适得其反。

2. 主动性原则

人对客观环境的认识和行为是由人的需要和动机所决定的，是否具有主动性决定了人对外来困难的处理方式是积极应对还是消极防御。在心理行为训练过程中，须充分调动受训人员的主动性，激发内心潜在能量，积极面对困难，在不断地挑战应对中取得良好的训练效果。

3. 情境模拟原则

特定的心理素质只有在特定的情境中才能产生与巩固，因此心理行为训练的开展情境与真实情境越接近，受训人员展现出的心理状态就越真实。在特定的情境中开展训练，可以让受训人员感知“真实”情境中的认知、情绪、行为等心理变化，继而巩固与提高未来面对真实情境的心理适应与调节能力。

4. 实践性原则

人的非理性心理活动独立于语言活动，仅仅靠讲道理、进行说服教育并不能起到良好的效果，往往事倍功半。心理行为训练必须亲身去体验才能直接刺激受训人员的感觉、知觉，形成表象，激发情绪，产生行为。

5. 超负荷原则

心理行为训练中产生的心理负荷只有超越受训人员平时所承受的负荷，超过绝大部分人的心理承受能力时才能够激发受训人员心理的潜在能量，推动心理素质健康发展。

6. 循序渐进原则

心理行为训练要符合个体自身认知发展规律，要保持循序渐进的原则，除极个别情况外，避免一开始就采用较大的训练难度引起受训人员的紧张感、疲劳感、压抑感和训练失败后的失望感。

7. 坚持性原则

良好的心理品质和生理机能一样，都不是轻而易举、一蹴而就的事情，必须克服急躁、动摇和厌倦情绪，保持自信的心态，持之以恒地进行训练，逐步学会控制自己的心理状态。通过反复训练持续强化和巩固训练效果，使受训人员养成良好的行为应对模式和认知模式，提升并保持良好的心理品质。

第二章 破冰热身

在为一个新组建的团体开展团体心理行为训练时，通常来说开始阶段是参加人员相互信任与彼此接纳最重要的阶段，可开展一些简单、轻松、易行的小游戏进行破冰热身。开展破冰热身活动的目的是消除人员之间的隔阂，融洽队员与队员、队员与教练员之间的关系，建立积极、活跃、合作的氛围；也是认识、了解、明确训练目的和意义，正确对待各项心理行为训练不可或缺的一个阶段。

受训人员健康要求：

破冰热身活动通常进行轻松愉快、简单易行的项目，对受训人员的心理刺激程度较低，为保证训练项目实施效果，对患有严重精神疾病患者，不适于开展心理行为训练。

训练要求：

整个环境和气氛使受训人员能够集中注意力、心情放松，教练员要态度诚恳，和蔼可亲，增加受训人员之间的互相了解，促进团队成员的自我开放和积极参与。

教练员职责：

1. 教练员在活动开始前要设定积极的基调。

2. 教练员向全体受训人员介绍活动内容、规则、活动的目的和注意事项等，提出训练要求。

第一节 水果蹲

人员分组：

分组训练，每组 10 ~ 12 人。

下达课目：

受训人员以组为单位由教练员带入场地（教室），下达课目。

课目：心理行为训练

内容：水果蹲

目的：

1. 使受训人员学会体察自己真实的情绪并接纳。

2. 使受训人员及时识别过激情绪状态，防止深陷其中。

时间：

训练共计 15 分钟，分课目操作和交流点评两部分完成，其中课目操作约 10 分钟，交流点评约 5 分钟。

要求：

1. 安静的环境：处在安静的环境中，集中注意身体的感受、感觉。

2. 受训人员携带笔和本，教练员准备纸。

3. 坚持循序渐进地进行训练。

训练实施流程：

1. 将全体人员分为若干组。

2. 每组分别命名为水果的名称（例如苹果、香蕉、橘子、西瓜、樱桃等）。

3. 由教练员开始说，例如“苹果蹲，苹果蹲，苹果蹲完橘子蹲”，此时代表橘子的队伍就要根据节奏蹲下、起立、蹲下、起立，同时嘴里要说“橘子蹲，橘子蹲，橘子蹲完西瓜蹲”等，然后被点名的水果所代表的队伍就要接着蹲下、起立，以此类推。

4. 当有某个小组发生错误时，游戏暂停，由犯错的小组成员进行才艺演示。

训练后交流：

全体受训人员围坐成一圈，分享交流以下内容：

1. 在游戏中，有些人的信息一下就记住了，但有些人的信息却久久无法记住，是什么原因造成的这种差异？是信息的偏僻程度、队员的外貌长相还是他的诉说方式？

2. 现实生活中有没有类似这样的事情？该如何应对与解决？

观察要素：

1. 受训人员是否按照教练员的要求密切配合进行活动。

2. 受训人员的参与积极性如何。

3. 受训人员是否陷入某种过激情绪状态。

注意事项：

该“热身”游戏门槛低，主要用于正式主题游戏前活跃气氛，调动大家的情绪，提高参与度。

第二节 滚雪球

人员分组：

分组训练，每组 10 ~ 12 人。

下达课目：

受训人员以组为单位由教练员带入场地（教室），下达课目。

课目：心理行为训练

内容：滚雪球

目的：

1. 主要用于新团队建立之初，通过自我介绍，让大家初步认识，活跃气氛，打破僵局。

2. 促进受训人员之间的相识与相互了解。

时间：

训练共计 30 分钟，分为课目操作和交流分享两部分来完成，其中课目操作约 20 分钟，交流分享约 10 分钟。

要求：

1. 保持安静的环境，便于队员诉说与倾听。

2. 参与游戏的队员可以接受旁边人员的提示。

3. 保持轻松、愉悦的氛围，但不得嘲笑和讥讽。

训练实施流程：

1. 全体人员围坐一圈。

2. 从某个人开始进行自我介绍，包括：姓名、年龄、籍贯、学历、兴趣爱好，如“我是张三，今年 20 岁，来自江苏南京，大学学历，喜欢踢足球”。

3. 接下来，按照顺时针或逆时针顺序，由其旁边的队友接着进行自我介绍，但是要先包含之前队友的信息，如“我是来自江苏南京今年 20 岁大学学历喜欢踢足球的张三右边的李四，今年 19 岁，来自湖南长沙，大专学历，喜欢唱歌”。

4. 以此类推，每一位队员在自我介绍时均应将之前的所有队员的信息都重复一遍。

5. 当小组最后一位队员顺利完成这种滚雪球式的自我介绍之后，全组鼓掌以庆祝和鼓励。

评价标准：

经过游戏之后，队员相互之间有了比较深入的认识和了解。

训练后交流：

全体受训人员围坐成一圈，分享交流以下内容：

1. 如何介绍能够更好更快地让他人记住自己？

2. 怎样尽快记住别人的信息？

3. 在游戏中，有些人的信息一下就记住了，但有些人的信息却久久无法记住，是什么原因造成这种差异？是信息的偏僻程度、队员的外貌长相还是他的诉说方式？

4. 现实生活中有没有类似这样的事情？该如何应对与解决？

观察要素：

1. 受训人员是否按照教练员的要求密切配合进行活动。

2. 受训人员的参与积极性如何。

3. 受训人员是否在认真倾听与诉说。

注意事项：

1. 引导全部参训队员尽力去记住其他队员提供的个人信息，包括前面已经完成任务的队员。

2. 后面的队员在确实忘记之前队员的信息时，旁边队员可给予提示。

3. 在和陌生人交往的过程中，尤其是在人多的场合，快速记住对方的信息是有一些难度的。通过队员信息的不断重复出现，最终记住别人的相关信息。

点评要点：

准确、快速地记住他人的名字代表你对他人的关心和重视，是建立人际关系的第一步，也是与他人交往的一个重要技巧。在日常生活中，善于发现并记住他人的优点和信息，多给予关怀、帮助及真诚的赞美，能够收获友谊与欢乐。

第三节　职务晋升

人员分组：

分组训练，每组 10 ~ 12 人。

下达课目：

受训人员以组为单位由教练员带入场地（教室），下达课目。

课目：心理行为训练

内容：职务晋升

目的：

1. 活跃气氛，体会成长的过程。

2. 激发队员对自我进行探索，体会自己的表现，观察别人的表现。

3. 体验不同角色身份和不同阶段思考问题的角度和方式差别。

时间：

训练共计20分钟，分为课目操作和交流分享两部分来完成，其中课目操作约15分钟，交流分享约5分钟。

要求：

1. 保持相对安静的环境，便于队员间清楚地交流。

2. 保持轻松、愉悦的氛围。

训练实施流程：

1. 所有人员需要完成列兵—班长—排长—连长—营长的职务晋升过程。

2. 每一级职务都有自己的代表性动作：列兵是蹲下，班长是半蹲，排长是单足站立，连长是双足站立，营长胜出后坐在旁边休息。

3. 活动过程中，每个人都以特定的身体动作代表自己的职务，不能用语言交流。

4. 每一次职务晋升采用“石头、剪刀、布”的方式进行，同职务的两个人之间进行猜拳竞争，赢的一方向上晋升一级职务，输的一方无论是何职务均要退回“列兵”，同时再找相同职务的人员进行猜拳。

5. 晋升到“营长”的人员坐在场地一边，观察活动进行，不再参与游戏，其他人员在场地中继续游戏。

6. 最后，在活动的结束阶段，总会留下有职务无法再晋升的人员。

训练后交流：

全体受训人员在教室围坐成一圈，分享交流以下内容：

1. 在游戏进程中，你的自我表现如何？

2. 在不同的角色阶段，你有什么样的感受？

3. 很快就获得游戏的胜利，是不是就很好呢？

4. 该如何面对在成长过程中遇到的艰难与反复？

观察要素：

1. 参训队员的自我表现是积极参与或是被动等待。

2. 对待每一次晋升成功或失败的态度。

3. 反复多次失败后的心态有无变化。

注意事项：

1. 在活动进程中受训人员以身体姿势代表所处的阶段。

2. 在活动进程中，避免用语言交流。

点评要点：

每个人的成长环境不一样，种种因素共同造就每个人不同的成长方式。有的人会很容易取得成功，但更多的人需要付出巨大的努力才能超越自我。成长方式的不同也造就了每个人不同的行为模式、处事风格。只有了解各自的成长方式，才会更加理解、宽容、尊重他人。

在成长的过程中，需要我们不断总结过去的经验与教训，延续成功的方法，经历一次次的失败、一次次的痛苦，才能够破茧成蝶，获得成功。人生的快乐在于参与其中，不要被结果所左右，去享受过程中拼搏的乐趣。一帆风顺的人生看似挺好，其实往往因为缺少内容反而会让人感到乏味。

第三章　情绪管理

情绪问题是许多心理问题的源头。情绪管理训练，是一种通过合理有效的方法和手段培养个人驾驭情绪的能力，减少或降低因情绪而导致心理问题的训练。近年来情绪管理被广泛地应用于各类疾病患者、少年儿童、大学生及社会人群中的一般心理问题的调解。也可将情绪管理应用于军队，目的是降低或消除不良情绪对军人身心健康的影响，促进军人和谐交往的社会化，预防创伤后应激障碍的发生，提高遂行各项军事任务的能力。

受训人员健康要求：

情绪管理训练项目危险性很低，对受训人员的心理刺激程度适中，为保证训练项目实施效果，对于有严重精神疾病患者，不适于进行情绪管理训练。

训练要求：

整个环境和气氛使受训人员能心情安定、注意力集中、心情放松，教练员要态度诚恳，和蔼可亲，使受训人员能够产生信赖感，便于受训过程中能密切配合教练员的指导，达成良好的训练效果。

训练原理：

情绪管理训练是在觉察、识别、理解和完全接纳自己情绪的前提下，通过采取相应的方法或行动，理性的思考、辨析、调解、控制情绪，以避免由此产生的过激情绪反应或不良行为后果。常用的方法有回避法、活动转移法、情绪宣泄法、求助法、生理调整法和调整认知法等。

教练员职责：

1. 教练员在训练操作开始前向全体受训人员下达训练课目，介绍训练内容、目的、时间、注意事项等，并提出训练要求。

2. 教练员要监督项目进行的整个过程，在项目进行的过程中给予适时指导。

3. 组织训练后的交流并做点评。

第一节　觉察与接纳情绪

人员分组：

分组训练，每组 6 ~ 8 人。

下达课目：

受训人员以组为单位由教练员带入场地（教室），下达课目。

课目：心理行为训练

内容：觉察与接纳情绪

目的：

1. 使受训人员学会体察自己真实的情绪并接纳。

2. 使受训人员及时识别过激情绪状态，防止深陷其中。

时间：

训练共计 30 分钟，分为课目操作和交流分享两部分来完成，其中课目操作约 20 分钟，交流分享约 10 分钟。

要求：

1. 安静的环境：处在安静的环境中，集中注意身体的感受、感觉。

2. 受训人员携带笔和本，教练员准备纸。

3. 坚持循序渐进地进行训练。

训练实施流程：

1. 教练员宣布课目训练要求。

2. 简单回顾情绪分类、情绪信号点等基本知识。

（1）情绪分类：基本情绪包括喜、怒、哀、惧、思；复合情绪包括焦虑、抑郁—羞愧、敌意—憎恨、爱—依恋—自豪。

（2）情绪信号点：对情绪敏感的身体部位（如五官、内脏、腹部、胸腔、手部、眉头、牙关、肌肉等）及其生理反应（如耳朵痒、口渴、出汗、脸红等）。

3. 要求组员坐在椅子上，放松，用深呼吸的方法让自己集中注意力。

4. 回想最近一次让自己印象深刻的过激情绪体验，回忆当时的情绪和信号点的反应，小组交流，并记录在下表中的第一、三、五项。

情绪管理自助表

事件（A）	想法	外在表现（情绪信号点）	不合理/非理性信念（B）	情绪（C）	合理/理性信念（E）	新的情绪（F）
在班中演讲	我要是讲得不好怎么办，别人会笑话我的	手心出汗、心跳加速、呼吸加快等	我必须最棒	紧张、担心、害怕	最棒当然好，但不是必须的，只要我努力了，就接纳表现的结果	坦然、放松

5. 认同自己的情绪：对自己说“我……（情绪描述）的情绪来了，我接受这种情绪”。

6. 问自己在当时的情绪状态下是怎么想的，即情绪背后的想法并填入上表中的第二项。

7. 课下练习：觉察情绪训练是一个循序渐进的过程，往往需要坚持练习一段时间后才会见效，因此要求受训人员若条件允许每天至少做一次如上表所列的情绪记录，并积累描述情绪的词汇，以正确地识别情绪。

评价标准：

经过一段时间的训练后，能够快速觉察自己的情绪，并接纳自己的情绪。

训练后交流：

全体受训人员围坐成一圈，分享交流以下内容：

1. 在回顾自己过激情绪体验时的情绪信号点是什么？该信号点有什么反应？

2. 回顾自己在过激情绪产生时常采取的行动是什么？

观察要素：

1. 组员是否信赖教练员。

2. 组员是否按照教练员要求密切配合。

3. 组员是否真诚地面对和接纳自己的情绪。

4. 组员是否积极参与。

注意事项：

1. 做好识别情绪训练的准备工作，准备工作最好能寻找一处安静的场所，配置舒适的椅子。

2. 选一种舒适的姿势，保持放松，进行过激情绪体验交流时对牵涉个人隐私的问题可保留，不强迫。

3. 讨论时气氛要严肃，进行合理适度的发散。

4. 教练员在组员寻找“情绪信号点”、描述情绪内在独白及理解和接纳自己的情绪时应给予适时指导。

5. 课下多积累描述情绪的词汇便于准确觉察情绪，并坚持觉察和接纳情绪的训练，最好一周 1 ~2 次。

点评要点：

情绪是人与生俱来的本能反应，本身并无好坏之分，只有某些情绪对自身产生的影响及行为后果会有好坏之分。情绪也不会凭空消失，否定和压抑情绪只会带来更坏的影响，正确觉察、正视自己的情绪并接纳，将为下一步快速地调整情绪、降低其带来的不良影响打下坚实的基础。

第二节　情绪 ABC 理论的应用

人员分组：

分组训练，每组 6 ~8 人。

下达课目：

受训人员以组为单位由教练员带入教室，下达课目。

课目：心理行为训练

内容：情绪 ABC 理论的应用

目的：

1. 探索情绪产生的根源。

2. 从深层次的认知层面调整情绪。

3. 降低过激情绪所导致的各种不良影响，预防创伤后应激障碍的发生。

时间：

训练共计 50 分钟，分为课目操作和交流分享两部分来完成，其中课目操作约 40 分钟，交流分享约 10 分钟。

要求：

1. 安静的环境：处在安静的环境中，集中注意身体的感受、感觉。

2. 受训人员携带笔和本，教练员准备纸。

3. 坚持循序渐进地进行训练。

训练实施流程：

1. 教练员宣布课目训练要求。

2. 要求组员坐下来，放松，用深呼吸的方法让自己集中注意力。

3. 想象情境：好，现在闭上你的眼睛，尽可能坐得舒服一些。开始想象你是一名卫生员，你所在的连队阵地遭到了敌军精确制导武器的轰炸，你被派出搜救伤员。经过一段时间的搜寻，你发现一名受伤的战友，检伤结果显示其左腿胫前动脉破裂而大量出血，急需快速止血包扎然后后送，你对他的伤口进行了紧急处理，但这名战友还是在后送的过程中因失血过多而牺牲了。此时你的耳边不断地响起在给他处理伤口时他的呻吟："兄弟，救救我，我还不想死，家里只有我一个，我死了爸妈怎么办？"请问你现在有什么情绪和想法，并由想法挖掘自身对此事所抱持的信念（按照第一节中的方法来觉察并接纳情绪），并填写情绪管理自助表格（见第一节）。

4. 在小组内将每个人的情绪和信念一一公布，一般可通过你信念中绝对化的关键词（见卡片）来分辨合理与不合理信念，并将其填写在情绪管理自助表格中。

卡片
绝对化的关键词：
1. 绝对化要求：必须、一定要、应该、绝不可能等。
2. 过分概括化（以偏概全）：天生如此、总是、全部、所有、全都、没有一个等。
3. 糟糕至极（灾难化）：彻底失败了、世界末日到了、全完了、丢尽人了等。

5. 分别与不合理的信念 B 进行辩论，小组讨论以下问题：

（1）打算与哪一个不合理信念辩论并放弃这一信念？

（2）有什么证据能使我得出这个信念是错误（正确）的结论呢？

（3）假如我没能做到自己认为必须做到的事情，可能产生的最坏结果是什么？

（4）假如我没能做到自己认为必须做到的事情，可能产生的最好结果是什么？

6. 通过对不合理信念关键词的转换（如用"我想……、我希望……、如果能……会更好"等更客观的词来替换"必须、一定要、应该、总是、全部、全完了"等绝对化的词），用合理的信念取代不合理的信念，将其填写在情绪管理自助表格中的 E 项，最好大声地念几遍。

7. 体验用合理的信念取代后你的情绪怎样了？将新的情绪反应填写在情绪管理自助表格中的 F 项。

8. 课下练习：情绪 ABC 理论的应用训练是一个循序渐进的过程，往往需要坚持练习一段时间后才会见效，因此要求受训人员若条件允许，在每天对情绪做记录的基础上，对需要作出调整的情绪应用该训练方法进行调整。

评价标准：

可以利用《症状自评量表》《卡特尔 16 人格因素问卷》或《应对方式问卷》等，分别于训练前和训练一段时间后对参训者的情绪管理效能进行对比评价。

训练后交流：

全体受训人员在教室围坐成一圈，分享交流以下内容：

1. 回顾日常生活中大家常见的不合理信念有哪些？相应替代的合理信念是什么？替代后的情绪又是什么？

2. 谈谈应用情绪 ABC 理论的体验。

观察要素：

1. 组员是否信赖教练员。

2. 组员是否按照教练员要求密切配合。

3. 组员是否找到自己情绪背后真正的信念或认知。

4. 组员是否真诚地面对自己的情绪。

5. 组员是否积极参与。

注意事项：

1. 做好情绪 ABC 理论的应用训练的准备工作，准备工作最好能寻找一处安静的场所，配置舒适的椅子。

2. 选一种舒适的姿势，保持放松。

3. 讨论时气氛要严肃，进行合理适度的发散。

4. 在应用过程中要寻找的是对某类事物所持的信念而不是表面的想法。

5. 合理的信念一定是符合客观事实的。

6. 对不能改变的事件或应激源 A 项不能漠视或否定。

7. 课下经常梳理自己的信念，并应用 ABC 理论的方法去调整情绪。

点评要点：

情绪 ABC 理论的关键首先是找出激发情绪背后真正的信念或认知，所谓信念，即认为是事实或者必将成为事实的对事物的判断、观点或看法，是每个人对自己、他人和世界的要求，受人生观、价值观和世界观的影响。然后与之辩论并用合理的信念去代替，开始时寻找的信念不一定准确，但经过一定时间的训练后就会逐渐掌握其要点，故要求课下进行经常性练习。

第三节　表情调节

人员分组：

分组训练，每组 8 ~ 10 人。

下达课目：

受训人员以组为单位由教练员带入教室，下达课目。

课目：心理行为训练

内容：表情调节

目的：

1. 体验表情对情绪管理的作用。

2. 学会通过笑的表情来调节情绪。

时间：

训练共计 30 分钟，分为课目操作和交流分享两部分来完成，其中课目操作约 20 分钟，交流分享约 10 分钟。

要求：

1. 开始时受训人员要保持安静专注，小组讨论时积极参与。

2. 受训人员态度严肃认真。

3. 课下经常性地训练。

训练实施流程：

1. 教练员宣布课目训练要求。

2. 要求组员坐下来，放松，双手舒服地放在大腿上，闭上双眼，正常呼吸。

3. 放松面部肌肉，想象自己身处在一片郁郁葱葱、幽静安详的树林中，温度适宜，微风轻抚，感觉自己的嘴角慢慢上扬有微笑露出，感觉这个微笑进入了你的面部肌肉，放松、温暖着你的整个面部。

4. 继续微笑，让微笑进入你的脖颈，感觉微笑融化了那里所有的紧张情绪。

5. 接着微笑进入了你的心脏，感谢它昼夜不停地通过血液输送氧气和养分到你的全身，微笑的能量充满了快乐的心房。

6. 微笑开始进入肺部，感谢它为你不断供应氧气，当你呼吸空气进入肺部时，感觉它充满了善良和勇气。

7. 现在微笑进入了你的肝脏和肾脏，感谢它们帮助你分解毒物、清洁血液，感觉到自己排除了任何可能出现的愤怒和恐惧。

8. 让微笑进入你的胃部，感谢它帮你消化食物，并继续送微笑进入肠部，感谢它从食物中吸收营养送入你的身体。

9. 微笑开始走进你的臀部和大腿，并逐渐扩展到了你的小腿和脚，温暖、放松了那里所有的肌肉。

10. 多么美妙的感觉，你的整个身体都沉浸在爱和感恩中……

11. 课下可对着镜子练习，学会自然而然地笑。

评价标准：

可以利用《症状自评量表》《卡特尔 16 人格因素问卷》或《应对方式问卷》等，分别于训练前和训练一段时间后对参训者的情绪管理效能进行对比评价。

训练后交流：

全体受训人员围坐成一圈，分享交流以下内容：

1. 回顾自己日常生活中有没有表情影响情绪的体验。

2. 谈谈应用表情调节情绪的体验。

观察要素：

1. 组员是否信赖教练员。

2. 组员是否按照教练员要求密切配合。

3. 组员是否积极参与。

注意事项：

1. 做好表情调节训练的准备工作，准备工作最好能寻找一处安静的场所。

2. 选一种舒适的姿势，保持放松。

3. 讨论时气氛要严肃，进行合理适度的发散。

4. 教练员要用温和的语调做好整个表情调节训练过程中的引导。

5. 课下坚持训练。

点评要点：

面部肌肉属于骨骼肌，受人的主观意志调节，控制面部表情可以改变心境。表情调节的关键是要相信这种方法是有效的，并全情投入，课下经常性地练习。

第四节　抛却烦恼

人员分组：

分组训练，每组 8 ~ 10 人。

下达课目：

受训人员以组为单位由教练员带至户外，下达课目。

课目：心理行为训练

内容：抛却烦恼

目的：

学会通过积极的心理宣泄来调节情绪。

时间：

训练共计30分钟，分为课目操作和交流分享两部分来完成，其中课目操作约20分钟，交流分享约10分钟。

要求：

1. 受训人员训练时要认真投入。
2. 小组讨论时积极参与。
3. 课下经常性地训练。

训练实施流程：

1. 教练员宣布课目训练要求。
2. 要求组员坐下来，放松，双手舒服地放在大腿上，闭上双眼，正常地呼吸。
3. 回顾自己最近一段时间出现过哪些困扰自己的负面情绪。
4. 出现过几种负面情绪就捡几块石头，并对每一颗石头用一种情绪进行命名，想象将自己的情绪注入了每颗石头中。
5. 轮流让每一名组员在一处空旷地将石头逐一用力扔出去，边扔边大声说：“我扔掉了……（某种情绪）”
6. 扔完后体会自己的情绪。
7. 课下练习时，可充分地释放自己，喊得越大声效果越好。

评价标准：

可以利用《症状自评量表》《卡特尔16人格因素问卷》或《应对方式问卷》等，分别于训练前和训练一段时间后对参训者的情绪管理效能进行对比评价。

训练后交流：

全体受训人员围坐成一圈，谈谈应用积极的心理宣泄调节情绪的体验。

观察要素：

1. 组员是否信赖教练员。
2. 组员是否按照教练员要求密切配合。
3. 组员是否积极参与。

注意事项：

1. 准备工作最好能寻找一处开阔、空旷的场所。
2. 讨论时气氛要严肃，进行合理适度的发散。
3. 组员要充分地释放自己。

点评要点：

抛却烦恼训练的关键是要相信这种方法是有效的，并全情投入。

第四章　心理调控与放松

放松训练法又称松弛疗法，是一种通过训练有意识地控制自身的心理生理活动，降低唤醒水平、改善机体功能紊乱的心理治疗方法。通过一定程式有规律的训练，可以使个体学会从精神上和躯体上（骨骼肌）进行放松。近年来，不断地被医学、护理学和心理学研究者应用于各种临床情形下的研究，并不断被证明其在减轻军人因应激、疾病和手术等引起的负面情绪，促进康复和改善自我效能等方面是显著而有效的方法。放松训练是一种帮助当事人探索如何处理压力的很好的方式，将放松训练应用于心理行为训练中有其现实的意义。

场地要求：

专用的心理行为训练场地（教室）。训练环境要求安静、整洁，不受干扰，光线柔和，尽量使人员感到舒适。训练场（教室）配备有电脑、投影仪、音响设备、有扶手的靠椅（沙发）、瑜伽垫等辅助物品则会使训练效果更佳。

天气要求：

天气对室外训练效果会有影响，在雪天、雷雨天等恶劣天气情况下，禁止开展室外训练。风力达到 4 级以上、气温高于 35℃或低于 15℃也不宜进行室外训练。

人员健康要求：

放松训练项目危险性较低，对受训人员的心理刺激程度适中，为保证训练项目实施效果，患有精神疾患、躯体感觉障碍的患者，不适于进行放松训练。部分有严重心理问题和曾遭受过虐待的人，在放松练习过程中可能会经历情绪上不适的感觉，虽然很少见，如果在练习中感觉不适，应立即停止。

着装要求：

受训人员应穿着较宽松、适宜运动的、结实的训练服、训练鞋。受训人员不得佩戴项链、戒指、耳环等饰物，随身也不得携带其他任何与训练无关的物品。

训练要求：

在安静环境下，练习者要做到心神安定，注意力集中，肌肉放松。在做法上要注意循序渐进，放松训练的速度要缓慢。对身体某部分肌肉进行放松时，一定要留有充分时间，以便让受训人员用心体会当时的放松感觉。放松训练能否成功取决于参训者对此项训练的相信程度，是否密切配合。放松成功的标志是，面部无表情，全身肌肉均处于松弛状态，肢体和颈部张力减低，呼吸变慢。

训练原理：

放松训练是指身体和精神由紧张状态转向松弛状态的过程。在所有生理系统中，只有肌肉系统是可以由人的意识直接控制的，放松训练主要是消除肌肉的紧张。当压力事件出现时，紧张不断积累，压力体验逐渐增强，此刻，持续几分钟的完全放松比一小时的睡眠效果更好。放松可以通过呼吸放松、想象放松、静坐放松、自律放松等方法来实现。

教练员职责：

1. 教练员在训练操作开始前向全体受训人员下达训练课目，介绍训练内容、目的、时间、注意事项等，并提出训练要求。

2. 受训人员着装舒适，教练员仔细检查并确认其穿戴是否符合训练要求。

3. 教练员要监督项目进行的整个过程，一旦发现出现了影响训练效果的情况（如异常声响、情绪紧张等），则须立即进行纠正，待符合训练要求后，方可继续训练。

4. 组织训练后的交流并做点评。

情境体验：

首先，让全体受训人员体验紧张的情境。假设参训者是情境中的主人公，请闭上眼睛开始想象并认真体会：这一天，因为愤怒！巨大的愤怒！使“你”的牙齿咬得“咯咯”作响，眼里闪着一股无法遏制的怒火，好似一头被激怒的狮子。仇恨，像怪兽一般吞噬着“你”的心，使“你”不思饮食，坐立不安。周围的辛辣味又呛得“你”直翻白眼，恨得牙根发麻，手指骨节发痒，想立刻揍眼前的仇人一顿。仇人就如同一只庞大的怪兽，蔑视地看着你，怒不可遏地吼叫着，这声音像沉雷一样滚动着，传得很远很远。“我”攥紧了拳头，拼了命地向他跑去；我要打倒他，我要用尽全身力气打倒他！

然后，要求组员：

1. 全体组员原地摆臂，高抬腿30下。

2. 全体组员深蹲40下。

3. 体验放松训练。

第一节　肌肉放松

人员分组：

分组训练，每组 10 ~ 12 人。

下达课目：

受训人员以组为单位由教练员带入场地（教室），下达课目。

课目：心理行为训练

内容：肌肉放松

目的：

1. 使肌肉放松，保持良好情绪状态。

2. 减缓压力，提高训练效率。

3. 降低机体唤醒水平，增强适应能力。

时间：

训练共计 30 分钟，分为课目操作和交流分享两部分来完成，其中课目操作约 20 分钟，交流分享约 10 分钟。

要求：

1. 精神专注：要求参训者集中注意身体感受，思想或者想象。

2. 被动态度：当思维或者想象受其他因素影响导致分心时，提倡自己不理睬无关的刺激而重新精神专注。

3. 减轻肌肉张力：参训者身体保持舒适的姿势，降低肌肉紧张。

4. 安静的环境：身处安静环境中，闭目减少外来因素干扰。

5. 有规律地进行训练。

训练实施流程：

1. 教练员宣布课目训练要求，受训人员坐在椅子上（有靠背、带扶手的椅子最佳，平躺于地面或床上亦可），去除束缚身体的东西，尽可能保持舒适。

2. 深吸一口气，慢慢呼出，再继续，接下来将特殊部位的肌肉群交替进行紧张和放松，每次紧张 10 秒，放松 10 ~ 15 秒，紧张后比紧张前肌肉将会更加放松。

3. 头颈部：肩膀伸直放松，头慢慢转到右边，幅度尽可能大，然后放松；同样，将头慢慢转到左边，而后放松；头向前向下伸，下巴紧贴胸前，感觉颈前部肌肉的紧张，然后放松；将头尽量后仰，感觉颈部和后背的紧张，而后放松。

4. 嘴巴：尽可能将嘴巴张大，再放松；嘴唇紧闭或尽可能噘起嘴，然后放松。

5. 舌头：嘴张开，尽可能将舌头伸远，而后放松（放至下腭）；尽可能回缩舌头，然后放松；将舌头紧紧抵住上腭，然后放松。

6. 眼睛：尽可能睁大眼睛（皱眉），然后放松；紧紧闭上眼睛，而后放松（确保在每次紧张后完全放松眼睛、前额和鼻子）。

7. 肩：（左右分开做，每次只耸一个）耸起肩部向耳部靠拢，感觉和保持肩部的紧张，而后放松；同时将双侧肩膀同时向后张，然后放松。

8. 胸部：慢慢吸气 15 秒，尽可能深吸气（再吸入点），使气体充满胸腔，憋气，感觉整个胸部的紧张状态，然后慢慢呼气 15 秒，将肺中气体完全呼出（再呼出点）。

9. 腹部：尽力将腹部鼓起，而后放松；尽力收腹，然后放松。

10. 背部：肩膀靠在椅背上，向前推动身体，将背往后弯曲呈弓形，感觉紧张，而后放松。

11. 臀部：用力收紧臀部，将骨盆稍微向上抬离椅子，然后放松。

12. 手及手臂：紧握拳头，再放松；手指用力伸直，再放松；向后弯曲手腕，使手背和前臂肌肉紧张，而后再放松；收紧肱二头肌（摇动手来保证你没有紧张到握拳），而后放松（将手臂垂在椅上）；收缩肱三头肌（试着向后弯曲手臂），然后放松（甩手臂）。

13. 大腿：伸长腿并抬高 15 厘米，而后放松；将脚用力踩地上，然后放松。

14. 小腿和脚部：前脚掌用力点地（不抬腿），而后放松；将脚尽量朝足背翘起，使小腿肌肉绷紧，然后放松。

15. 脚趾：随着腿放松，向地面用力点脚趾，而后放松；尽可能向上弯曲脚趾，然后放松。

16. 将注意力集中在每个肌肉群（头颈部，面部，躯干，四肢），放松，试着察觉哪些部位还比较紧张，头脑发送指令给这个部位的肌肉群进行放松。

17. 放松好了以后，留一点时间感受放松状态，这个时候可以给自己一些暗示，比如说，我现在从 5 数到 1，1 的时候睁开眼睛，感觉很清醒，很宁静。

评价标准：

肌肉放松训练，需要集中注意力，也是技能，需要练习。肌肉放松的长远目标是使身体能够即时“监督”大量的控制信号，从而自动地缓解不必要的紧张。受训人员觉察自己身体哪些部位比较紧张，发送指令给这个肌群进行放松。整个肌肉放松练习每天做 1 ~ 2 次，每次 20 分钟左右，但比较快的时候也可以 10 分钟。不一定要做得很完美，只要试着去做，去体会就可以。

训练后交流：

全体受训人员围坐成一圈，分享交流以下内容：

1. 训练开始前和完成后的心态有什么不同？

2. 在训练完成后全身的感受是怎样的？

3. 通过训练你学会了哪些有效自我调适的方法？

观察要素：

在本课目训练中会出现包括以下典型行为在内的多种行为，教练员需注意观察：

1. 组员对训练项目是否持怀疑态度，有没有保持绝对安静。

2. 组员是否按照教练员要求密切配合。

3. 组员面部表情是否平静处于放松状态。

4. 组员是否按照教练员要求进行肌肉先紧张后放松练习。

5. 组员的呼吸频率、节律是否处于放松状态。

注意事项：

1. 做好放松训练的准备工作，最好能寻找一处安静的场所，配置舒适的椅子。

2. 选一种舒适的姿势，要求是减少肌肉的支撑力。

3. 训练过程中每做一步都不要紧张特定肌肉群以外的肌肉群，不要屏息、磨牙或斜视，慢慢平稳地呼吸。

4. 注意体会肌肉的感觉，特别是紧张和放松的相反感觉，这时候将会认识到特殊部位肌肉的紧张，并且能够缓解这种紧张。

5. 合理安排时间，开始时，最好每天 2 次，每次 15 ~ 30 分钟。

6. 教练员发出的指令，从开始到最后，语速是逐渐变慢的。

7. 每部分肌肉由紧张到放松的过程都要有一定的时间间隔，以便有适当的余地让组员更好地体验紧张和放松。

8. 坚持训练，做到持之以恒。

第二节　呼吸放松

人员分组：

分组训练，每组 10 ~ 12 人。

下达课目：

受训人员以组为单位由教练员带入场地（教室），下达课目。

课目：心理行为训练

内容：呼吸放松

目的：

1. 使呼吸放松，保持良好情绪状态。

2. 减缓压力，克服焦虑和负面情绪。

3. 激励自己，激励别人，直面生活和挫折。

时间：

训练共计20分钟，分为课目操作和交流分享两部分来完成，其中课目操作约10分钟，交流分享约10分钟。

要求：

1. 集体参与，单独操作。

2. 一般建议吸气用鼻，呼气用嘴，细心体会气体从嘴唇流出的感觉。

3. 把注意力集中在呼吸的感觉上，例如空气的进与出，胸廓、腹部的运动等。

4. 持之以恒，进行呼吸放松训练时不必刻意追求长时间练习，一般每次10～15分钟即可。平时可以选择在睡前或者午间休息时练习，坚持最重要。

训练实施流程：

1. 穿着舒适宽松的衣服，保持舒适的仰卧姿势，双腿向两侧自然张开，一只手臂放在上腹部，另一只手臂自然放在身体一侧。

2. 缓慢地通过鼻孔呼吸，感觉吸入的气体有点凉，呼出的气息有点暖，吸气和呼气的同时，感觉腹部的起伏运动。

3. 保持深而慢的呼吸，注意呼吸放松的节拍和速度，使呼吸均匀、舒适而有节奏。

4. 缓慢并深深地吸气，心中默念“1—2—3—4”，约4秒，使空气充满胸部。

5. 空气吸入后稍作停顿，以感觉轻松、舒适、不憋气为宜。

6. 呼气时要缓慢而自然而然，尽量把肺部空气全部呼出来，使肩膀、胸直至膈肌等都感到轻松舒适。

7. 在呼吸时想象着将体内的紧张感与不适感徐徐驱除体外。

8. 几分钟后，坐直身体，一只手放在腹部，另一只手放在胸前，注意两手在吸气和呼气中的运动，判断哪一只手活动更明显。如果放在胸部的手的运动比另一只手更明显，意味着呼吸时采用的更多的是胸式呼吸而非腹式呼吸，后面需要改进并采取腹式呼吸。

评价标准：

呼吸是连接躯体和心灵的桥梁，呼吸放松训练既对我们身体有好处，又有助于保持情绪稳定，放松身心，用心练习好处很多。呼吸放松是一项训练，需要集中注意力，也是一项技能，需要不断练习才会取得更好的效果。刚开始进行训练时，不一定要做得很完美，只要试着去做、去体会就可以了。

训练后交流：

全体受训人员在训练场（教室）围坐成一圈，分享交流以下内容：

1. 训练开始前和完成后的心态有什么不同？

2. 训练完成后全身的感受是怎样的？

3. 作为压力管理技巧，你认为呼吸放松训练具有哪些优点和缺点？

观察要素：

在本课目训练中会出现包括以下典型行为在内的多种行为，教练员需注意观察：

1. 吸气是否深而饱满，腹部要有鼓胀感。

2. 呼吸频率是否缓慢、有节奏，从而能够体会放松、舒适感。

3. 训练时是否东张西望，注意力不集中。

注意事项：

1. 吸气时默念“1—2—3”并暂停 1 秒，仔细感觉放在腹部的手会跟着上升，并想象温暖且放松的气体流进体内。

2. 慢慢呼气，呼气速度越慢越好，越慢越能产生安全、平静且放松的感觉，仔细感觉放在腹部的手会跟着下降，并想象所有的紧张与不适也跟着释出。

3. 若感觉轻微头晕，则改变呼吸深度及频率。

4. 必须锻炼能够清醒地觉察和意识到自己的呼吸情况。

第三节　瑜伽放松

人员分组：

分组训练，每组 10 ~ 12 人。

下达课目：

受训人员以组为单位由教练员带入场地（教室），下达课目。

课目：心理行为训练

内容：瑜伽放松

目的：

1. 练习瑜伽姿势，可使身体变得灵活而强健。

2. 促进血液循环，克服焦虑和负面情绪。

3. 增强体力和灵活度。

4. 释放压力，消除烦恼，减压静心。

5. 治疗失眠。

时间：

训练共计40分钟，分为课目操作和交流分享两部分来完成，其中课目操作约30分钟，交流分享约10分钟。

要求：

1. 选择安静不被打扰的环境。

2. 道具：瑜伽垫若干、椅子若干、音响设备。

3. 避免直接吹风，光线不要太强。

训练实施流程：

1. 身体姿势准备：双脚分开与肩同宽，自然低头闭眼，深呼吸。

2. 吸气，手臂上举，十指交扣在头顶上方，放松双肩，呼气时抬头；吸气，头部转回正位，呼气时上半身扭转向右侧；吸气，身体转回正位，呼气时上半身扭转向另一侧；以上动作重复三组。

3. 吸气，手臂上举，十指交扣在头顶上方，放松双肩，呼气时松开双手，落右手到身体旁侧，左臂带领身体向右侧侧弯；吸气，身体摆回正位，呼气时落左手到身体旁侧，右臂上举带领身体向左侧弯；以上动作重复三组。

4. 双手十指交扣于身体后侧，吸气，两手臂远离臀部，胸腔扩张上提，呼气，两手臂收回至身体后侧，低头；以上动作重复四组。

5. 吸气，双脚并拢，双手合掌在头顶上方，呼气，身体向后弯曲，髋部向前屈（可选择性练习）。

评价标准：

瑜伽放松训练，是一种颇具效果的放松艺术，需要完全集中意识且放松身体；瑜伽放松练习者对躯体保持高度知觉，当身心得到彻底休息时，就完成了瑜伽放松训练练习。

训练后交流：

全体受训人员在训练场（教室）围坐成一圈，分享交流以下内容：

1. 训练开始前和完成后的心态有什么不同？

2. 训练完成后全身的感受是怎样的？

3. 作为放松训练技巧，你认为瑜伽放松训练对你改善最大的方面有哪些？

观察要素：

在本课目训练中会出现包括以下典型行为在内的多种行为，教练员需注意观察：

1. 注意观察受训人员有无情绪波动，在生气、焦虑、紧张等情绪下进行瑜伽练习，会出现肌肉群紧绷。

2. 观察有无关节及肌腱酸痛。有的人天生身体柔软度不好，如果每次练完瑜伽之后都出现关节疼痛或是肌腱发炎的情况，可能本身身体柔软度不够，不适合进行瑜伽练习。

3. 练习过程中，观察受训人员身体与呼吸的配合，呼吸远比体式更重要。

注意事项：

1. 瑜伽放松训练时，注意身体的保暖，特别是在冬季训练时，要注意保暖；保持室内安静，避免有剧烈响声发生；精神要集中，这样才能让人很好地进入状态。

2. 练习瑜伽放松训练不一定要完全按照教练员的动作完成，受训人员能够记住多少动作就做多少，动作的顺序也不是一成不变的，只要保持呼吸的平稳和心态的平和就可以。

3. 练习瑜伽放松，注意引导呼吸的培养。

4. 瑜伽放松训练时，每个动作需保持 3 ~ 5 次呼吸，练习后应感觉心情的愉悦而不是身体的酸累，甚至痛苦。

5. 练习过程中切勿盲目攀比，要专注于个人的练习。

第四节　团体按摩放松

人员分组：

分组训练，每组 10 ~ 12 人。

下达课目：

受训人员以组为单位由教练员带入场地（教室），下达课目。

课目：心理行为训练

内容：团体按摩放松

目的：

1. 增加亲近感，创造友好的气氛，尽快融入环境。

2. 增强体力和灵活度。

3. 释放压力，消除烦恼，减压静心。

时间：

训练共计 30 分钟，分为课目操作和交流分享两部分来完成，其中课目操作约 20 分钟，交流分享约 10 分钟。

要求：

1. 服从命令，听从指挥。

2. 相互配合，禁止嬉闹。

训练实施流程：

1. 全体组员围成一圈，全体向右转，由教练员发令游戏开始。

2. 全体人员齐唱一首自选的歌，队员把手放在前面人员的太阳穴上，进行按摩。

3. 按摩顺序为太阳穴、耳朵、肩膀、背部。

4. 等全部按摩完毕后，每位队员同时说“您辛苦了”，而后，请所有人向后转。

5. 告诉大家，付出都会有回报，然后将第一遍的按摩从头再做一遍。

6. 按摩的时候听从教练员的指令，按顺序进行。

评价标准：

团体按摩放松训练，需要每个受训人员参与，听从指挥，相互配合。不一定要做得多么完美，只要积极参与、去做去体会就可以了。

训练后交流：

全体受训人员在训练场（教室）围坐成一圈，分享交流以下内容：

1. 训练开始前和完成后的心态有什么不同？

2. 在训练完成后全身的感受是怎样的？

3. 作为放松训练技巧，你认为团体按摩放松训练的优点、缺点各是什么？

4. 你是否检验过你的团队，每个成员之间是否互敬互爱，考虑对方所需？

观察要素：

在本课目训练中会出现包括以下典型行为在内的多种行为，教练员需注意观察：

1. 注意观察所有受训人员的参与度和服从性。

2. 进行按摩时，是否出现力度过大造成对方不舒适。

注意事项：

1. 训练场地要足够所有受训人员围成一个圈，转身需要。

2. 活动中教练员的指令要有节奏感，每字每句的间隔适当大一些，有助于大家调整各自的步伐和动作，与教练员节奏合拍。

3. 活动中可能出现个别人员对他人捶肩揉背很敏感，可以让他自行选择是否加入。

4. 受训人员捏肩捶背时用力不可过大，以对方感觉舒适为准。

5. 活动中人员的行进速度不宜过快，要紧跟节拍缓慢前进。

第五节　音乐放松

人员分组：

分组训练，每组10～12人。

下达课目：

受训人员以组为单位由教练员带入室内训练场地，下达课目。

课目：心理行为训练

内容：音乐放松

目的：

1. 为受训人员带来审美享受，为组员提供音乐保健服务。

2. 促进知觉、增进记忆力、唤起意识。

3. 临床治疗功能：消除紧张心理、增进交流、适应社会。

4. 释放压力，消除烦恼，减压静心。

时间：

训练共计30分钟，分为课目操作和交流分享两部分来完成，其中课目操作约20分钟，交流分享约10分钟。

要求：

1. 服从命令，听从指挥。

2. 训练环境保持安静、避免干扰。

训练实施流程：

1. 全体受训人员围坐成一圈。

2. 教练员向受训人员讲解音乐放松的目的和意义，对组员的音乐喜好及鉴赏能力进行正确评估。

3. 去掉或松开紧束身体的东西（如眼镜、手表、发卡、领扣、鞋带等）。

4. 以最舒服的姿势坐好，最好不要趴在桌上。

5. 微闭双眼，很自然地做几次深呼吸，不要刻意用力地呼吸，只要去感觉你的呼吸变得缓慢、深沉。

6. 在吸气时，气息随着你的鼻腔，慢慢地到达腹部下方，你的小腹会微微地鼓起，体会小腹微微鼓起的感觉；在呼气时，将所有气体完全地呼出，体验胸部和心脏的舒适和放松。

7. 教练员进行放松指导。放松指导语：现在你感到全身非常沉重，越来越放松，越来越沉重，你感到自己渐渐地陷入地面，越来越深、越来越沉，深入到泥土里了。你的全身已经完全放松了，你的手臂和双手感到非常沉重，你的双腿延伸到脚掌，也开始感到非常沉重和松软。你的全身都感到无比温暖和放松，放松吧，越来越松，越来越清静，越来越自然。现在让我们来放松并倾听这自然而美妙的声音吧。想象你正躺在绿油油的草地上，微风吹来，吹过你的脸庞，你闻到了青草的香味，淡淡地充满你所有的感觉。天空很蓝，飘着白云，白云很白很轻，像一团松软的棉花，慢慢地下沉，落在你身边。你躺在白云里，白云拥簇着你，围绕着你，你感到很安全、很温暖、很舒适，白云慢慢地飘起来，飘啊飘，像小时候的摇篮，仿佛听到了妈妈的摇篮曲，你听着摇篮曲渐渐睡着。

停顿 10 秒……

现在我们慢慢地恢复意识，观察你的呼吸，移动一下你的双手和手指头，移动一下你的脚掌和脚指头，将你的头由一边慢慢地转向另一边，张开你的双眼眨一眨，适应一下光线，深呼吸一口，开口吐气，用力呼出所有的气，慢慢地让自己坐起来，体会那种平静和安详的感觉，它将会一直留在你的心里，并且从现在开始，让你受益，不断受益。

评价标准：

音乐放松训练，需要每个组员参与，相互配合，听从指挥。不一定要做得多么完美，只要积极参与、去做去体会就可以了。

训练后交流：

全体受训人员在训练场围坐成一圈，分享交流以下内容：

1. 在训练完成后全身的感受是怎样的？

2. 作为放松训练技巧，你认为音乐放松训练的优点主要是什么？

3. 你认为音乐放松训练对你的身心起到了什么样的作用？

观察要素：

在本课目训练中会出现包括以下典型行为在内的多种行为，教练员需注意观察：

1. 注意观察受训人员的参与度。

2. 受训人员在训练时是否受到外界干扰。

3. 受训人员的呼吸是否按照教练员的要求进行调整。

4. 受训人员参与训练后是否出现不舒适。

注意事项：

1. 做好音乐放松训练的准备工作，包括创造安静、舒适的训练环境，拟定节奏为 60～80 拍/分钟的 5 种类型音乐，包括流行音乐、古典音乐、怀旧音乐、轻音乐及戏曲，建立音乐库，训练时根据受训人员的个人喜好不同选择 7 ~ 8 首进行播放，也可根据组员的需要进行音乐加播。

2. 活动中教练员的指令要舒缓、柔和，每字每句的间隔适当大一些，有助于做好放松训练的引导。

3. 平时坚持训练。

第五章　自我效能感

自我效能感是 Bandura 社会认知理论的重要组成部分，是指人对影响其生活的事件施加控制所需能力的信念，亦即个体对自己是否有能力完成某一行为所进行的推测与判断。自我效能感可影响或决定人们对行为的选择，以及对该行为的持久性和努力程度，高自我效能感的人愿意选择具有更多挑战性的任务，愿意制订更高的行为目标，同时在行动中会投入更多的努力，并坚持更长的时间，遇到挫折后恢复得更快；可影响人们的思维模式和情感反应模式，进而影响新行为的习得和习得性行为的表现。自我效能感低的人与环境作用时，会过多地想到个人的不足，并将潜在的困难看得比实际上更严重。注重军人职业自我效能感的培养，可以帮助组员建立和发展对军事训练内容的职业自我效能感，有助于促进组员熟练掌握训练内容，同时也会影响到他们在进行训练时的表现，从而提高训练效果。

场地要求：

训练场、教室或空间较大的会议室，训练环境要求宽敞、整洁、光线明亮。

人员健康要求：

自我效能感训练危险性较低，对受训人员的心理刺激程度适中，为保证训练项目实施效果，对于身体不适或有精神疾患者，不适于进行自我效能感训练。

着装要求：

受训人员应穿着较宽松、适宜运动的、结实的训练服、训练鞋。受训人员不得佩戴包括项链、戒指、耳环等在内的任何饰物，随身也不得携带其他任何与训练无关的物品。

训练要求：

要求学员服从教练员安排，按要求认真准备、积极配合；根据不同课目内容实施分组；进行量表或表格填写时按真实想法独立完成；认真体验训练中的心理感受。

训练原理：

自我效能感的影响因素包括四个方面，一是个体行为的结果，如成功的经验能够提高个人的自我效能感；二是替代性经验，是指通过观察其他人的行为而产生的自我效能；三是他人的评价、劝说及自我规劝，有事实基础的劝说、鼓励对自我效能感有较大的影响；四是情绪和生理唤醒状态，如轻松愉悦、适度紧张等有助于自我效能感的提高。因此，提高个人职业自我效能感可以通过增加正面职业自我效能感信息和改善影响职业自我效能感形成与发展的内外部因素来完成。树立成功的榜样，让个体了解某种职业上成功人物从平凡到成功的经历，能激发其信心和斗志，有助于职业自我效能感的形成和发展；设置合理的目标，清晰、具体且具挑战性的目标有助于提高工作绩效，增加成功经验，会进一步提高职业自我效能感；提供正面的言语劝导，给予个体正面的言语劝导尤其是在事实基础上的言语劝导，比如上级对下属、同事之间的言语鼓舞，以及个体的自我说服、自我激励都有助于激励其自信心，促进职业自我效能感形成和发展；培养积极的归因方式，使个人消除在归因过程中的自我轻视的偏见，将自己成功的经验归因于自己的能力或努力，避免将失败经验归结为自己能力的缺陷，有助于提高职业自我效能感。

教练员职责：

1. 教练员在训练操作开始前向全体受训人员下达训练课目，介绍训练内容、目的、时间、注意事项等，并提出训练要求。

2. 教练员要监督项目进行的整个过程，用合适的语言进行正确的引导，确保按内容和要求进行训练。

3. 训练后组织讨论并点评。

第一节　树立成功榜样

人员分组：

分组训练，每组 4 ~ 5 人。

下达课目：

受训人员以组为单位由教练员带入场地（教室），下达课目。

课目：心理行为训练

内容：树立成功榜样

目的：

通过榜样的作用，让组员认识到自己与特定职业上有着杰出表现的人物具有某些特征相似性，从而促进组员超越个人实际能力的限制而考虑自己与榜样的相似性。

时间：

训练共计30分钟，分为课目操作和交流分享两部分来完成，其中课目操作约20分钟，交流分享约10分钟。

要求：

1. 积极准备，选择对自己影响较大、与自身有一定相似特征的榜样故事。
2. 认真倾听，把握榜样成功特质。
3. 积极讨论，分享体会。

训练实施流程：

1. 教练员宣布课目训练要求，组员分组，坐位。
2. 组员分别讲述榜样故事。
3. 每个故事结束，针对故事进行讨论（为什么选择这个故事，听了故事后最大的触动是什么）。

评价标准：

可以利用一般自我效能感量表分别于训练前和训练一段时间后对参训者的自我效能感进行对比评价；课目进行中准备充分、发言积极、讨论符合自身实际者可视为优秀。

训练后交流：

全体受训人员围坐成一圈，分享交流以下内容：

1. 听了榜样的故事和大家的讨论后，你认为自己能成为下一个成功者吗？要想成功，你还需要进行哪些方面的准备？
2. 什么样的故事能真正打动倾听者的心？

观察要素：

1. 组员对训练内容及教练员是否具有认同感。
2. 组员是否只听故事，不予以思考。
3. 组员分析讨论时是否将榜样成功归因于运气或特定环境。

注意事项：

1. 环境相对安静。
2. 合理安排时间，故事不宜过长，人人发言。
3. 榜样与个人有一定相似特征。

第二节　明确目标，群力相助

人员分组：

分组训练，每组 6 ~ 8 人。

下达课目：

受训人员以组为单位由教练员带入场地（教室），下达课目。

课目：心理行为训练

内容：明确目标，群力相助

目的：

通过训练，使参训组员确立人生目标，激发自信和成就动机；发挥“集体”力量，群策群力，增强组员间的理解和支持。

时间：

训练共计 30 分钟，分为课目操作和交流分享两部分来完成，其中课目操作约 20 分钟，交流分享约 10 分钟。

要求：

1. 准备好表格和签字笔。

2. 积极准备，认真思考自己的目标。

3. 认真倾听，合理分析，可靠建议。

训练实施流程：

1. 教练员宣布课目训练要求，组员分组，坐位。

2. 组员思考并明确 6 ~ 10 件自己目前或将来最想做的事，依次填入表格（见表 1）。

表 1　个人目标计划表

序号	目标内容	重要	次要	当前	长远
1					
2					
3					
……					

3. 组员汇报自己的想法和愿望。

4. 其他组员针对他的目标提出建议和意见。

评价标准：

可以利用一般自我效能感量表分别于训练前和训练一段时间后对参训者的自我效能感进行对比评价；课目进行中准备充分、发言积极、目标制订契合自身、建议意见具有可行性可视为优秀。

训练后交流：

全体受训人员围坐成一圈，分享交流以下内容：

1. 你的目标是真心所思所想吗？愿意为自己的目标做出多大的努力？听了大家的意见建议，你觉得有所帮助吗？目标是否因此有所调整？

2. 建议前你是否认真思考？听了别人的目标，对你的影响是什么？

观察要素：

1. 组员对训练内容及教练员是否具有认同感。

2. 填写表格时不能确定自己的想法，花费时间较长。

3. 组员确立的目标是否切合实际，是否愿意与别人分享交流。

4. 组员建议时是否认真分析，有无随意性。

注意事项：

1. 组员必须写出自己的真实想法。

2. 组员提出的意见建议必须出于真心。

3. 训练过程中，不得随意走动，自己独立完成。

第三节　自信呐喊

人员分组：

分组训练，每组 8 ~ 10 人。

下达课目：

受训人员以组为单位由教练员带入场地（教室），下达课目。

课目：心理行为训练

内容：自信呐喊

目的：

通过大声喊出激励自我的口号，提高自信心，学会勇敢面对困难，培养勇往直前的必胜心态。

时间：

训练共计15分钟，分为课目操作和交流分享两部分来完成，其中课目操作约10分钟，交流分享约5分钟。

要求：

1. 场地较宽敞。

2. 根据训练人数准备空白卡片、签字笔。

3. 调整情绪，积极响应。

训练实施流程：

1. 教练员宣布课目训练要求，学员分组，坐位。

2. 组员认真思考，找出自己最担心面临的问题，思考问题产生的原因和战胜困难需要的心境。

3. 每位参训组员面对大家，酝酿好情感和力量，把想好的战胜方法和心境以口号的形式大声表达出来。

4. 其他组员重复口号，然后鼓掌予以鼓励。

评价标准：

可以利用一般自我效能感量表分别于训练前和训练一段时间后对参训者的自我效能感进行对比评价；课目进行中准备充分、发言积极、口号响亮具有激励性、情绪到位者可视为优秀。

训练后交流：

全体受训人员围坐成一圈，分享交流以下内容：

1. 拟制口号时是否能坦然面对自己的弱点？针对问题是否已经有了初步的应对思路？

2. 大声喊出口号之后，听到大家的鼓掌应和后，你的心理变化是什么？

观察要素：

1. 组员对训练内容及教练员是否具有认同感。

2. 组员是否按要求认真思考。

3. 自己拟制口号，勿抄袭。

4. 情绪是否饱满，气氛是否到位。

5. 喊的时候声音是否洪亮、有力。

6. 喊完后其他组员能否给予鼓励。

注意事项：

1. 拟制口号要起到激励作用，口号要短小精悍、朗朗上口。

2. 每位参训组员必须用自己最大的声音喊出激励口号。

3. 不允许相互嘲笑、讽刺他人。

第四节　激励他人

人员分组：

分组训练，每组 6 ~ 8 人。

下达课目：

受训人员以组为单位由教练员带入场地（教室），下达课目。

课目：心理行为训练

内容：激励他人

目的：

善于发现他人的优点，激励他人；接纳自我，认识自我，增强自信心，获得更多成功的经验；增进相互了解，真诚待人。

时间：

训练共计 30 分钟，分为课目操作和交流分享两部分来完成，其中课日操作约 20 分钟，交流分享约 10 分钟。

要求：

1. 严格按操作规程操作，认真体验训练中的心理感受。
2. 态度诚恳，语言得当。
3. 活动过程中气氛要严肃，不能开玩笑。

训练实施流程：

1. 教练员宣布课目训练要求，组员分组，呈半圆弧形围坐。
2. 教练员指定或自愿确定一位组员坐在圆弧的中央面对大家。
3. 其他组员轮流说出他的优点及欣赏之处（如性格、相貌、处事态度等）。
4. 被称赞后的组员要感谢队友对自己的鼓励，并说出哪些优点是自己察觉的，哪些是未察觉的。
5. 每位组员轮流做一次。

评价标准：

可以利用一般自我效能感量表分别于训练前和训练一段时间后对参训者的自我效能感进行对比评价；课目进行中认真参与．发言积极、态度诚恳务实者可视为优秀。

训练后交流：

全体受训人员集中坐成一圈，分享交流以下内容：

1. 当你被队友称赞时的感受如何？

2. 队友接受你的称赞时你有何感受？

3. 当别人的称赞与自己实际情况不符时有何感受？

4. 怎样用心去发现队友的长处？

5. 怎样做一个乐于欣赏他人的人？

观察要素：

1. 是否有一些组员并没有认真地参与，总是用一些空泛的表扬而没有明确的事实依据。

2. 受到表扬时是否有强烈的自豪感。

3. 受到表扬时是否脸红了，或感觉不自然。

4. 是否有一些组员被他人称赞之后，并没有过多的情感反应。

注意事项：

1. 环境相对安静。

2. 以诚恳的态度和语言，努力去发现和赞扬他人的长处，不能毫无根据地吹捧。

3. 被称赞者要适时回应并感谢。

第五节　坦然面对

人员分组：

分组训练，每组 8 ~ 12 人。

下达课目：

受训人员以组为单位由教练员带入场地（教室），下达课目。

课目：心理行为训练

内容：坦然面对

目的：

培养组员勇于面对现实，敢于承担责任、敢于面对失败的勇气。通过训练，使组员掌握某种归因技能，使个人消除在归因过程中的自我轻视的偏见，将自己成功的经验归因于自己的能力或努力，避免将失败经验归因为自己能力的缺陷，有助于提高其职业自我效能感。

时间：

训练共计 30 分钟，分为课目操作和交流分享两部分来完成，其中课目操作约 20 分钟，交流分享约10分钟。

要求：

1. 场地宽敞。

2. 严格按操作规程操作，认真体验训练中的心理感受。

3. 积极讨论，分享对成功和失败的体会及原因分析。

训练实施流程：

1. 教练员宣布课目训练要求，组员相隔一臂站成2～3排。

2. 教练员喊一，组员向右转；喊二，向左转；喊三，向后转；喊四，向前跨一步；喊五，原地不动。

3. 做错的组员走出队列，站到大家面前敬个礼，举起右手高声说："对不起，我做错了。"

评价标准：

可以利用一般自我效能感量表分别于训练前和训练一段时间后对参训者的自我效能感进行对比评价；课目进行中认真参与、讨论积极、归因正确者可视为优秀。

训练后交流：

全体受训人员围坐成一圈，分享交流以下内容：

1. 开始接到任务时心理感觉如何？

2. 你认为难的是什么？是如何克服的？

3. 自己成功的原因是什么？

4. 自己失败的原因是什么？

5. 在现实中，面对失败，你是否逃避，不敢面对？为什么？

观察要素：

1. 接到任务后，是否觉得任务很简单。

2. 是否觉得承认错误很难为情。

3. 进行一段时间后，是否觉得承认错误并不难。

4. 分析成功的原因时是否忽视自己的能力和努力。

5. 分析失败的原因时是否有自我轻视、消极的想法。

注意事项：

1. 训练开始后，教练员始终注意受训人员的动作，一旦发现安全隐患，应立即制止。

2. 注意训练中组员的典型行为。

3. 严格把握训练尺度。

4. 讨论时正确引导，坦然面对失败和成功，并正确归因。

第六章 人际沟通与团队协作

有效的沟通对良好人际关系的形成至关重要。人际沟通原理和技巧：一是人际距离原理，交往中应了解把握亲密距离，个人距离，社会距离以及公众距离等。物理距离拉近，会让心的距离靠近，但社交中应对物理距离有所了解。二是人际沟通，虽然借助语言进行，但在沟通过程中，首先要关注对方的情绪。所以在平时生活中，应不断学习，以提高理解他人情绪的能力。人际沟通中最高境界是用心沟通，其次是用脑沟通，即所谓思维沟通，最下策是语言的沟通。三是在人际沟通中，要适时用好肢体语言，比如点头、身体前倾等，要学会倾听、聆听，所谓先接受对方，再发射自己。四是在人际沟通中要把握一些技巧，比如尊重、热情、共情、真诚、积极关注等。

团队协作主要基于组织心理学理论，即个体目标与组织目标一致时，会达到绩效最大化。在团队活动中，会有肢体接触，语言交流，这些行为都会拉近成员间距离；群体智慧是有巨大潜力的，人类个体的创造性是无限的，但每个个体的能力是有限的，在集体中发现他人的长处，发挥每个人的优势，让团队的力量远远大于个体的力量，创造好多看似不可能完成的创举，一根筷子易断，一把筷子很难折断；团队合作需要成员彼此间心理相容，团队活动同时会培养提升成员间的心理相容性。

场地要求：

人际沟通可在训练场、教室或空间较大的会议室进行，训练环境要求宽敞、整洁、光线明亮。

人员健康要求：

人际沟通训练基本没有危险性，对受训人员的心理刺激程度适中，为保证训练项目实施效果，对于身体不适或有精神疾患者，不适于进行团队协作活动。

着装要求：

受训人员应穿着较宽松、适宜运动的、结实的训练服、训练鞋。受训人员不得佩戴任何饰物，也不得随身携带其他任何与训练无关的物品。

训练要求：

要求学员服从教练员安排，按要求认真准备、积极配合；根据不同课目内容实施分组；体验分享环节要充分，鼓励成员积极谈感受谈想法。

教练员职责：

1. 教练员在训练操作开始前向全体受训人员下达训练课目，介绍训练内容、目的、时间、注意事项等，并提出训练要求。

2. 教练员要监督项目进行的整个过程，适时进行正确引导，确保按内容和要求有效实施训练。

3. 训练后组织讨论并点评。

第一节　心有千千结

人员分组：

以组为单位进行训练，每组 15 ~20 人。

下达课目：

受训人员以组为单位由教练员带入场地（教室），下达课目。

课目：心理行为训练

内容：心有千千结

目的：

1. 培养组员勇于面对困局逆境，解决问题的能力。

2. 引导受训人员体验团队合作的真谛和力量，享受团体合作的快乐。

3. 感受集体的力量，认识自己在集体中的责任与作用。

4. 体会人际沟通的其他方式。

5. 学会从细微之处观察他人，准确解读他人所要表达的各类信息。

时间：

训练共计 30 分钟，分课目操作和交流分享两环节，其中课目操作约 20 分钟，交流分享约 10 分钟。

要求：

1. 严格按操作规程操作，认真体验训练中的心理感受。

2. 积极讨论，分享对成功和失败的体会及原因分析。

训练实施流程：

1. 所有人员手牵手连成一个大圈，面向圆心。

2. 每个人记住自己的左右手分别牵着谁。

3. 松开手，随着音乐声，全体人员在圆圈范围内随意走动。

4. 音乐停，所有人原地站住不动。在不挪动位置的情况下去牵原来左右手牵着的人（如果实在够不着，可允许稍微挪动一些）。

5. 所有人牵手之后，形成了一个手与手、人与人之间异常混乱的“死结”。要求在不说话、不松手的情况下，把结打开，恢复成最初大家开始时手拉手围成的一个大圆圈。

训练后交流：

全体受训人员围坐成一圈，分享交流以下内容：

1. 开始接到任务时心理感觉如何？

2. 你认为最难的是什么？是如何克服的？

3. 自己成功的原因是什么？

4. 自己失败的原因是什么？

5. 在现实中，面对失败，你是否会选择逃避，不敢面对？为什么？

6. 团队在面对困难时，会尝试走出困局，但有时就是解不开疙瘩，这时坚持不断尝试，问题是否就能得以化解？

注意事项：

1. 训练开始后，教练员始终注意受训人员的动作，一旦发现安全隐患，应立即制止。

2. 注意训练中组员的典型性行为。

3. 严格把握训练尺度。

4. 讨论时正确引导，坦然面对失败和成功，并正确归因。

第二节　巧过地雷阵

人员分组：

以组为单位进行训练，每组 10 ~ 12 人，可以两组竞技。

道具及场地要求：

一片空旷的大场地，眼罩若干，充当地雷的物品，如沙包、石块等若干。

下达课目：

受训人员以组为单位由教练员带入场地（教室），下达课目。

课目：心理行为训练

内容：巧过地雷阵

目的：

1. 引导受训人员体验合作的快乐。

2. 体会人际交往中大家的关系和信任。

3. 体会人际沟通的其他方式。

时间：

训练共计30分钟，分为课目操作和交流分享两部分来完成，其中课目操作约20分钟，交流分享约10分钟。

要求：

1. 训练全程严肃认真，不得嬉笑和打闹。

2. 认真体验训练中的心理感受。

3. 积极讨论、分享体会。

训练实施流程：

1. 在一块地面平坦、没有障碍的空地上划出一片区域作为“雷区”，雷区面积不宜太小，应在10平方米以上。

2. 在“雷区”内撒上各种物品充当“地雷”。

3. 组员分为两人一组，一人蒙住眼睛进入“雷区”，另一人充当指挥员。

4. 由指挥员发出指令，指挥被蒙住眼睛的同伴通过地雷阵，其间“盲人”不能踩到任何东西，否则就要回到原点，重新开始。

5. 指挥员只能在线外，不能进入地雷阵中，也不能用手扶伙伴。

训练后交流：

全体受训人员集中坐成一圈，分享交流以下内容：

1. 当被蒙上眼睛时，有什么感觉？

2. 危险就在身边，但当自己看不到时，自己心里有什么感受？

3. 你可能觉得队友间的沟通，团队配合比较重要。除此之外，你在此活动中还有什么感受？想到什么说什么，没有对错。

观察要素：

1. 受训人员对训练内容及教练员是否具有认同感。

2. 受训人员参与训练是否用心投入。

3. 讨论交流过程中能否将自己的所感所想与大家分享。

注意事项：

1. 训练组织应有序，避免杂乱。
2. 训练过程保持严肃认真，避免演戏心态。
3. 分享交流时注意引导受训人员讲述自己的认识和感受。

第三节　无敌风火轮

人员分组：

以组为单位进行训练，每组 10～12 人，可以两组竞技。

道具及场地要求：

一片空旷的大场地，报纸，胶带，剪刀。

下达课目：

受训人员以组为单位由教练员带入场地（教室），下达课目。

课目：心理行为训练

内容：无敌风火轮

目的：

1. 培养步调一致、团结协作、密切合作、克服困难的团队精神。
2. 培养计划、组织、协调能力；培养服从指挥、一丝不苟的工作态度。
3. 增强队员间的相互信任和理解。

时间：

训练共计 30 分钟，分为课目操作和交流分享两部分来完成，其中课目操作约 20 分钟，交流分享约 10 分钟。

要求：

1. 训练全程严肃认真，不得嬉笑和打闹，注意安全。
2. 认真体验训练中的行为技能和心理感受。
3. 积极讨论、分享体会。

训练实施流程：

1. 为每组分发若干张报纸、并配备胶带和剪刀。
2. 每组将报纸粘贴到一起，做成一个大纸圈（风火轮），风火轮必须要做得足够大，需要容纳本组全部队员站进去。
3. 风火轮制作好后，每队的成员需要站到自己的风火轮内，向前移动，走过指定的距离。

4. 游戏从制作风火轮开始，到最终驾驶风火轮到达终点结束，用时最少为胜利者(距离为 10 米以上)。

5. 在驾驶风火轮期间，如果风火轮裂开（或有人员跌倒），则必须返回出发点，修补完后，重新出发。

训练后交流：

全体受训人员围坐成一圈，分享交流以下内容：

1. 你觉得完成该游戏活动，难点在哪儿？

2. 当“履带”或风火轮被踩踏，撕扯破损后，对你继续进行游戏完成比赛有没有影响？你心理上有什么变化？

3. 当组内每名成员都步调一致时，你感觉到什么；如果有一人步调乱了，你又感觉到什么？

4. 胜者分享一下感受，失利的组也分享一下感受。

5. 如果再增加游戏人数，比如 15 个人能否完成？

观察要素：

1. 受训人员参与训练是否用心投入。

2. 训练过程中有无忙乱现象。

3. 讨论交流过程中能否将自己的所感所想与大家分享。

注意事项：

1. 训练组织应有序，避免杂乱。

2. 训练过程保持严肃认真，避免受伤。

3. 分享交流时注意引导受训人员讲述自己的认识和感受。

第四节　运送弹药

人员分组：

以组为单位进行训练，每组 10 ~ 12 人，可以两组竞技。

道具及场地要求：

一片空旷的大场地，纸杯若干，盆子 3 个。

下达课目：

受训人员以组为单位由教练员带入场地（教室），下达课目。

课目：心理行为训练

内容：运送弹药

目的：

1. 增加亲近感，感受团队间有效的配合，衔接以及自我控制能力。

2. 培养环境适应能力，以团队责任感为共同目的做好每一个环节。

时间：

训练共计30分钟，分为课目操作和交流分享两部分来完成，其中课目操作约20分钟，交流分享约10分钟。

要求：

1. 训练全程严肃认真，不得嬉笑和打闹。

2. 认真体验训练中的行为技能和心理感受。

3. 积极讨论、分享体会。

训练实施流程：

1. 所有人员分为三组，排成3列。

2. 每组第一位成员负责把水倒到自己杯中，最后一位成员负责把水倒入盆中，其他成员用嘴衔一个纸杯。

3. 第一名成员将水倒入纸杯后，一个个按顺序将纸杯中的水倒入下一名成员的纸杯内，最后一名成员接到水后将纸杯内的水倒入盆中。

4. 在传递水的过程中手背在身后，除第一名和最后一名成员在倒水的时候可以用手以外，其他时间均不可用手接触水杯。

在限定的时间内，看哪一组盆中的水最多，哪一组即获胜。

交流分享：

1. 运送方法的重要性，分享一下你的技巧。

2. 每名成员都很重要，即责任感。团队无缝衔接协作更关键，即密切协作是成功的法宝。

3. 细节决定成败？

4. 是否还感受成员要有高度自控能力？笑场、过度紧张都会造成嘴里纸杯掉落或洒水出来，水洒出来或洒到队友衣服上、脸上，战友的反应如何，你的感受如何？

观察要素：

1. 受训人员对训练内容及教练员是否具有认同感。

2. 受训人员是否用心参与训练。

3. 受训人员能否在训练中做到临危不乱。

注意事项：

1. 训练组织应有序，避免杂乱。

2. 训练过程保持严肃认真，避免演戏心态。

3. 分享交流时注意引导受训人员讲述自己的认识和感受。

第七章　应激处置

生理上的压力可以摧残人的身体，而心理上的压力足以摧毁人的意志和灵魂。平时适应了舒适安逸、无忧无虑的生活，一旦面对从天而降的危机和灾难时，能否坦然从容地面对？处变不惊、临危不乱的心理素质是考验个体精神的重要标志之一。应激反应是在特殊环境中个体产生的一种特殊情绪状态，是通过对周边环境和活动刺激的认知评价所产生的生理及心理反应。根据不同环境特点，应激源会有所不同。应激的主要表现为不能适应环境，不能从事正常的工作训练，甚至不能参加作战。因此，研究个体应激处置的训练方法和防护措施，是提高工作效能的有效途径之一。着重训练应激环境下的心理素质，学会如何应对危机干扰，对于综合素质养成有着非常重要的意义。

目前，针对应激处置的训练包括心理适应性训练、心理稳定性训练、防御性心理训练、良好意志品质的训练，主要借鉴心理学情境模拟的训练方法，设定近似真实恶劣条件的对抗情景，也可采用心理学的意念训练法，编辑或摄制残酷场景的音像制品或文字作品，创造一种充分激发与体验内心绝望的情景状态，对个体进行心理承受力、生存能力与意志力的极限训练或心理应激的系统脱敏。通过训练，激发意志的潜能、激发思维的敏锐性和沉稳性，增强在复杂环境下的心理承受能力、心理适应能力和生存能力，造就沉着冷静、临危不惧、处变不惊、坚忍不拔、英勇顽强的心理品质和快速反应能力，塑造沉着机智的人格品质。

应激处置训练重点培养以下几个方面的素质：一是磨砺精神，培养强烈的求生欲望、绝不屈服的顽强意志和敢打必胜的坚定信心；二是历练智慧，强化个人全面素质，掌握各种生存技能；三是未雨绸缪，树立应急意识，开发创造思维，配备好、利用好各种可用物品。

场地要求：

专用的心理行为训练场地（教室），训练环境要求宽敞、整洁、光线明亮。

人员健康要求：

应激处置训练对受训人员的应激刺激程度适中，为保证训练项目实施效果，对于身体不适或有精神疾患者，不适于进行应激处置训练。

着装要求：

受训人员应穿着较宽松、适宜运动的、结实的训练服、训练鞋。受训人员不得佩戴任何饰物，随身也不得携带其他任何与训练无关的物品。

训练要求：

要求受训人员服从教练员安排，按要求认真准备、积极配合；根据不同课目内容实施分组，在训练过程中按照训练要求进行，同时认真体验训练中的心理感受。

教练员职责：

1. 教练员在训练操作开始前向全体受训人员下达训练课目，介绍训练内容、目的、时间、注意事项等，并提出训练要求。

2. 教练员要监督项目进行的整个过程，一旦发现出现影响训练效果的情况须立即进行纠正，待符合训练要求后，方可继续训练。

3. 组织训练后的交流并做点评。

第一节　谁是卧底

情境模拟：

一年前，我方安排一名特工成功打入敌方内部，获取大量秘密信息。不料敌方通过线报获知其内部混入我方卧底，为此，敌方想借助其手中仅有一些线索快速排查出卧底，卧底能否保存自己，一场大战即将展开。

训练要求：

应激处置理论学习在教室或室外空地进行，实地演练在室外场地中进行，要求受训人员正确掌握训练项目的规则。

训练目的：

培养参训者自我控制力和观察能力。

人员分组：

以组为单位进行训练，每组 6 ~ 10 人。

下达课目：

受训人员以组为单位由教练员带入场地（教室），下达课目。

课目：心理行为训练

内容：谁是卧底

目的：

通过训练，使参训者掌握观察、识别细节和自我控制、自我保护的方法，增强今后遇到突发事件时的应变能力。

时间：

训练共计30分钟，分为课目操作和交流分享两部分来完成，其中课目操作约20分钟，交流分享约10分钟。

要求：

1. 训练全程严肃认真，不得嬉笑和打闹。

2. 认真体验训练中的行为技能和心理感受。

3. 积极讨论、分享体会。

训练实施流程：

1. 教练员宣布课目训练要求，受训人员分组。

2. 教练员介绍训练项目和规则。

每组队员中除卧底外每人会拿到相同的一个词语（如包子），而卧底会拿到与之相关的另一个词语（如馒头）。每人每轮只能说一句话来描述自己拿到的词语（不能直接说出那个词语），不能让卧底发现的同时，还要给同伴暗示。每轮描述完毕，大家投票选出怀疑是卧底的那个人，得票数多的人出局，两个人一样多的话，待定。若卧底撑到剩下最后三人，则卧底获胜；反之，则大部队获胜。对于失败方给予一定的惩罚。

3. 通过角色扮演体验排查卧底的过程。

4. 每进行完一次训练，教练员对队员的表现进行点评。

训练后交流：

全体受训人员围坐成一圈，分享交流以下内容：

1. 在意识到自己是卧底时，自己有哪些心理变化，如何调整自己的紧张情绪的？

2. 你是如何通过每人的描述来判断卧底的？

3. 当判断出卧底却被同伴误认为自己是卧底时，有什么心理变化？

观察要素：

1. 受训人员对训练内容及教练员是否具有认同感。

2. 受训人员参与训练是否用心投入。

3. 讨论交流过程中能否将自己的所感所想与大家分享。

注意事项：

1. 训练组织应有序，避免杂乱。

2. 训练过程保持严肃认真，避免演戏心态。

3. 分享交流时注意引导受训人员讲述自己对本次危机环境的认识和感受。

第二节　炸弹险情

情境模拟：

某战士在一商场发现一枚定时炸弹，炸弹已开启30秒倒计时，为最大限度降低无辜群众的伤亡，需充分利用这30秒时间，将炸弹投到尽量远离人群的空旷地域。

训练要求：

在室外空旷场地进行练习，要求受训人员正确掌握训练项目的规则要求。

训练目的：

人在紧张的情况下会造成自身读秒过快，主要考验学员的专注力和心理承受能力。

人员分组：

以组为单位进行训练，每组10~12人。

下达课目：

受训人员以组为单位由教练员带入场地，下达课目。

课目：心理行为训练

内容：炸弹险情

目的：

通过训练，掌握心理暗示等情绪调节的方法；培养参训者遇事冷静、缜密和专注的心理素质，增强其遇到突发事件的心理承受能力。

时间：

训练共计30分钟，分为课目操作和交流分享两部分来完成，其中课目操作约20分钟，交流分享约10分钟。

要求：

1. 训练全程严肃认真，不得嬉笑和打闹。

2. 认真体验训练中的行为技能和心理感受。

3. 积极讨论、分享体会。

训练实施流程：

1. 教练员宣布课目训练要求，受训人员分组。

2. 教练员介绍训练项目和规则：每名受训人员依次出列扮演投弹手，其余队员围成一圈，投弹手取上模拟定时炸弹后，即开始30秒倒计时（由教练员计时），并围着其余队员开始跑圈，如果超过 30 秒或提前 4 秒以上抛出的即为挑战失败，在 4 秒及以内抛出的即为挑战成功。对于失败方给予一定的惩罚。

3. 通过角色扮演体验徒手传递定时炸弹的过程。

4. 每进行完一次训练，教练员对队员的表现进行点评。

训练后交流：

全体受训人员围坐成一圈，分享交流以下内容：

1. 自己在作为投弹手的过程中如何调整自己情绪，提高专注度的？

2. 当模拟的定时炸弹在自己手中爆炸时心理有什么变化？

观察要素：

1. 受训人员对训练内容及教练员是否具有认同感。

2. 受训人员是否用心参与训练。

3. 受训人员能否将训练中的技能与真实的突发事件相结合，做到临危不乱。

注意事项：

1. 训练组织应有序，避免杂乱。

2. 训练过程保持严肃认真，避免演戏心态。

3. 分享交流时注意引导受训人员讲述自己对本次危机环境的认识和感受。

第三节　通过雷区

情境模拟：

在夜间追击敌方逃兵的过程中，我方遭遇敌方设置的雷区，雷区已由排雷手做了标记，在视线不清的情况下，须由后方队员指引前面队员快速通过。

训练要求：

在室外空旷场地进行练习，要求受训人员正确掌握训练项目的规则要求。

训练目的：

培养学员在遇到危机时沟通和倾听的能力以及相互信任的品质；提高学员在处理危机时的专注力。

人员分组：

以组为单位进行训练，每组 10 ~ 12 人。

下达课目：

受训人员以组为单位由教练员带入场地，下达课目。

课目：心理行为训练

内容：通过雷区

目的：

通过训练，掌握心理暗示等情绪调节的方法；培养学员在遇到危机时相互沟通和倾听的能力；增强其遇到突发事件的心理承受能力。

时间：

训练共计30分钟，分为课目操作和交流分享两部分来完成，其中课目操作约20分钟，交流分享约10分钟。

要求：

1. 训练全程严肃认真，不得嬉笑和打闹。

2. 认真体验训练中的行为技能和心理感受。

3. 积极讨论、分享体会。

训练实施流程：

1. 教练员宣布课目训练要求，受训人员分组。

2. 教练员介绍训练项目和规则：在宽60厘米，长8米的长方形空地上摆上适当数量不等、方向不一的白纸，白纸所在区域设定为雷区，将训练队员分成数量相等两组，每组队员从前至后依次在蒙眼的情况下，在后一名队员的指挥下通过雷区（最后一名队员由第一名队员指挥），不得触碰到任何白纸区域，否则直接判定挑战失败，先完成的组为获胜方，对失败方给予一定惩罚。

3. 通过角色扮演挑战通过雷区的过程。

4. 每进行完一次训练，教练员对每组的表现进行点评。

训练后交流：

全体受训人员围坐成一圈，分享交流以下内容：

1. 在蒙眼挑战通过雷区的过程中心理反应有什么变化？如何提高专注度的？

2. 你是如何排除周围的干扰，提高自己的专注度，在队友的指挥下通过雷区的？

3. 当你失误触碰到雷区，导致团队挑战失败，你的队友给予你怎样的安慰？你是如何调整自己的情绪，在下次挑战中突破自己的？

观察要素：

1. 受训人员对训练内容及教练员是否具有认同感。

2. 受训人员是否用心参与训练。

3. 受训人员能否将训练中的技能与真实的突发事件相结合，做到临危不乱。

注意事项：

1. 训练组织应有序，避免杂乱。

2. 训练过程保持严肃认真，避免演戏心态。

3. 分享交流时注意引导受训人员讲述自己对本次危机环境的认识和感受。

第四节　烈火逃生

情境模拟：

人员集中居住的宿舍在夜间失火，值班员发现火情后按照正确的方法发出火情警报，全体人员接到警报后及时进行初级火情处理、自救与逃生。

训练要求：

理论学习在教室或室外空地进行，实地演练在宿舍等建筑物中进行，要求受训人员掌握正确的逃生方法和灭火器的使用。

训练目的：

培养人员在遇到突发险情时保持镇定，临危不乱的心理素质和火灾发生时的自救能力和应变能力。

人员分组：

以班、室为单位进行训练，每组 10 ~ 30 人。

下达课目：

受训人员以组为单位由教练员带入场地（教室），下达课目。

课目：心理行为训练

内容：烈火逃生

目的：

通过训练，掌握有关火场的正确逃生方法，避免进入逃生误区，培养危机环境中处变不惊、保持冷静的能力，增强在突发事件中的应变能力。

时间：

训练共计 50 分钟，分理论教育、实践训练和交流分享三部分完成，其中理论教育约 20 分钟，实践训练约 20 分钟，交流分享约 10 分钟。

要求：

1. 训练全程严肃认真，不得嬉笑和打闹。

2. 认真体验训练中的行为技能和心理感受。

3. 积极讨论、分享体会。

训练实施流程：

1. 教练员宣布课目训练要求。

2. 理论知识学习，了解火场相关的知识和救助技能。

（1）熟悉环境，牢记出口。

（2）通道出口，畅通无阻。

（3）扑灭小火，惠及他人。

（4）明辨方向，不入险地。

（5）简易防护，蒙鼻匍匐。

（6）不贪财物，迅速撤离。

3. 通过火灾模拟训练体验救火与逃生过程。

4. 示警与灭火：

（1）值班员或其他人员发现火情时，应第一时间发出火情警报（大声呼喊、吹响哨音或拉响警铃），并拨打“119”火警电话。

（2）使用手提式灭火器进行灭火：一拔，拔掉保险销；二握，握住喷管喷头；三压，压下握把；四准，对准火焰根部喷射。

5. 火场逃生：

（1）保持镇定，辨明方向，用湿毛巾、口罩等蒙住口鼻通过应急或消防通道向外疏散，不可进入电梯。

（2）向外疏散时，保持低姿势（弯腰或匍匐）尽量贴地靠墙快速逃跑，不可大声喊叫，避免吸入浓烟导致呼吸道烧伤及中毒。

（3）当身上衣物着火时，避免惊慌乱跑，也不可用手拍打灭火，应就地打滚，将火苗压灭。

（4）每层楼距离安全通道或出口近的人员可充当引导员，引导人群向外有序撤离，其他人员在紧急疏散时要听从引导员的指挥，保证有秩序尽快撤离。

（5）当烟火封住逃生道路时，及时关闭门窗，用湿毛巾、湿床单等塞住缝隙，防止烟雾侵入房间。

（6）如条件允许，可打开窗户，挥舞色彩艳丽的衣物并大声向外呼救，不可跳窗逃生，不得已时可就地取材，用窗帘、床单自制绳索，安全逃生。

训练后交流：

全体受训人员集中坐成一圈，分享交流以下内容：

1. 与火焰近距离接触时，有何感受？

2. 在人员疏散逃生过程中，又有何感受？

观察要素：

1. 受训人员对训练内容及教练员是否具有认同感。

2. 受训人员是否用心参与训练。

3. 受训人员能否将训练中的技能与真实的危机环境相结合，做到临危不乱。

注意事项：

1. 训练组织应有序，避免杂乱。

2. 室外灭火训练应选择空旷、周边无可燃、易燃物品的场地。

3. 如使用了汽油、酒精等助燃物时，在点燃火堆时应特别小心闪爆造成的人员烧伤。

4. 训练过程保持严肃认真，避免演戏心态。

5. 分享交流时注意引导受训人员讲述自己对本次危机环境的认识和感受。

第五节 溺水施救

情境模拟：

在游泳池、水库、海训或者是洪水中，自己不慎发生溺水或是遇到他人溺水需要进行救助。

训练要求：

溺水施救理论学习在教室或室外空地进行，实地演练在游泳池中进行，要求受训人员正确掌握溺水时的自救与施救方法。

训练目的：

培养突遇溺水时的自救能力以及在突发事件中的应变能力。

人员分组：

以组为单位进行训练，每组 8 ~ 10 人。

下达课目：

受训人员以组为单位由教练员带入场地（教室），下达课目。

课目：心理行为训练

内容：溺水施救

目的：

通过训练，掌握正确的自救和救助他人的方法，培养危机环境中保持清醒头脑，调节自我情绪的能力，增强在突发事件中的应变能力。

时间：

训练共计50分钟，分理论教育、实践训练和交流分享三部分完成，其中理论教育约20分钟，实践训练约20分钟，交流分享约10分钟。

要求：

1. 训练全程严肃认真，不得嬉笑和打闹。

2. 认真体验训练中的行为技能和心理感受。

3. 积极讨论、分享体会。

训练实施流程：

1. 教练员宣布课目训练要求，受训人员分组。

2. 知识学习，了解溺水相关的知识和救助技能。

3. 通过角色扮演体验救助过程。

4. 开展自救：

（1）清晰认识到自己当时的状态，调节好情绪，做好救助准备。

（2）迅速查明自己的情况和处境，是手脚抽筋还是呛水，是腹痛还是头晕。

（3）如果是腿部抽筋，在浅水区可马上站立并用力伸蹬，或用手把足尖向上扳，同时按摩小腿缓解症状；如在深水区，可采取仰泳姿势，把抽筋的腿伸直不动，待稍有缓解时，用手和另一条腿游向岸边或浅水区，再按上述方法进行处理。

（4）如果发生呛水，切忌慌张，调整好呼吸动作即可，如果在深水区且感觉身体疲劳不能继续游动时，可以呼叫旁人帮助上岸休息。

（5）游泳时间过长且无营养能量补充时，可能会出现头晕、恶心，这是疲劳缺氧导致的，此时应注意保暖，按摩肌肉，补充糖水或水果，可很快恢复。

（6）如在水中发生腹痛，应立即上岸并注意保暖。

5. 救助他人：

迅速拖其上岸。施救时，宜从背部将溺水者的头托起，或拉住溺水者的胸部，使其面部露出水面，然后将其拖上岸。

保持呼吸道通畅。让溺水者的头朝下，撬开其牙齿，用手指清除口腔和鼻腔内杂物。

对呼吸、心跳微弱或刚停止的溺水者，迅速进行人工呼吸，同时行胸外心脏按压。

现场有医疗条件可对溺水者注射强心药物及吸氧。

经现场初步抢救，若溺水者呼吸心跳已经逐渐恢复正常，可让其服下热水或其他汤汁后静卧。

仍未脱离危险的溺水者，应尽快送往医疗单位，继续进行复苏处理及预防性治疗。

训练后交流：

全体受训人员围坐成一圈，分享交流以下内容：

1. 在发生危险进行自救的过程中，有何感受？

2. 在救助他人的过程中，又有何感受？

观察要素：

1. 受训人员对训练内容及教练员是否具有认同感。

2. 受训人员是否用心参与训练。

3. 受训人员能否将训练中的技能与真实的危机环境相结合，做到临危不乱。

注意事项：

1. 训练组织应有序，避免杂乱。

2. 训练过程保持严肃认真，避免演戏心态。

3. 分享交流时注意引导受训人员讲述自己对本次危机环境的认识和感受。

第六节　解救中暑

情境模拟：

当自己（或遇到他人）在夏季长时间受到强烈阳光照射，或停留在闷热潮湿的环境中，以及在炎热的天气里长途行走过度疲劳等情况下，出现大量出汗、口渴、头晕、胸闷、恶心、全身无力、注意力不集中等表现时，就是中暑的先兆。

训练要求：

在室外空旷场地进行练习，要求受训人员正确掌握中暑时的自救与施救方法。

训练目的：

通过训练，使受训人员在出现头晕、胸闷、恶心、全身无力、注意力不集中，疑似或确诊为中暑时，具备自救、救助能力以及应变能力。

人员分组：

以组为单位进行训练，每组 8 ~ 10 人。

下达课目：

受训人员以组为单位由教练员带入场地，下达课目。

课目：心理行为训练

内容：解救中暑

目的：

通过训练，了解有关中暑的早期症状以及救助技能，掌握正确的自救和救助他人的方法，培养在危机环境中保持沉着冷静、头脑清醒，增强在突发事件中的应变能力。

时间：

训练共计50分钟，分理论教育、实践训练和交流分享三部分完成，其中理论教育约20分钟，实践训练约20分钟，交流分享约10分钟。

要求：

1. 训练全程严肃认真，不得嬉笑和打闹。

2. 认真体验训练中的行为技能和心理感受。

3. 积极讨论、分享体会。

训练实施流程：

1. 教练员宣布课目训练要求，受训人员分组。

2. 知识学习，了解中暑相关的症状及救治知识。

3. 通过角色扮演体验救助过程。

4. 开展自救：

（1）发现自己出现中暑的早期症状时，保持头脑冷静。

（2）通过症状确定自己发生先兆中暑时，尽快离开高温、潮湿的环境，转移至阴凉通风处坐下休息，解开衣扣，饮用适量糖盐水或其他饮料，也可在两侧太阳穴擦涂清凉油，经过一段时间休息后多可恢复。

5. 救助他人：

（1）当发现有人中暑时，应迅速对其进行降温处理，可将病人抬到阴凉通风的环境中躺下，头稍垫高，脱去病人衣裤，用衣物、纸扇、电扇扇风。

（2）同时用冷水擦拭或喷淋病人身体，加速病人体内热量散发，有条件时可用酒精擦身散热，也可将冰块置于塑料袋内，放在病人额头、颈部、腋下和大腿根部。附近如有河流、水库、海洋时，可将病人直接浸泡在水中降温，但需注意始终保持病人头部露出水面，防止溺水。

（3）当病人体温下降清醒后，可喂以清凉饮料、糖盐水等补充体液损失，同时也可服用适量藿香正气水、十滴水、人丹等清热解暑药物。

（4）病人出现呕吐时，应将其头部偏向一侧，避免呕吐物呛入气管引起窒息。

（5）对高热不退或出现痉挛等表现的病人，在进行上述处理的同时，尽快送往医院进行救治。

训练后交流：

全体受训人员围坐成一圈，分享交流以下内容：

1. 如何早期发现并正确判断中暑，如何保持清醒的头脑？

2. 在救助他人的过程中，有何感受？

观察要素：

1. 受训人员对训练内容及教练员是否具有认同感。

2. 受训人员是否用心参与训练。

3. 受训人员能否将训练中的技能与真实的危机环境相结合，做到临危不乱。

注意事项：

1. 训练组织应有序，避免杂乱。

2. 训练过程保持严肃认真，避免演戏心态。

3. 分享交流时注意引导受训人员讲述自己对本次危机环境的认识和感受。

第八章　团结协作

凝聚力是团队工作取得胜利的关键，团队个体之间的团结与协作是形成凝聚力的源泉。缺乏团结协作精神，涣散的个体组成难以成为一个优秀的团队。狼群在自然界中之所以具有强大的力量，不是因为单只狼的捕食能力有多么强大，而是因为狼群的集体生存、分工、配合和服从意识。团队凝聚力依赖于团队中每一名成员的相互信任、相互依赖、相互合作，为维护集体的利益而共同努力。在工作中，团队是一个相互协作密不可分的集体，需要集体成员之间建立相互信任的关系。要让别人信任，首先自己得做一个值得信赖的人。比如，在平时的相处中，要真诚待人，踏实做事，留给同伴一个办事可靠、靠谱，让人放心的印象。为此，需要尽可能真实地展示自己，因为真实的力量最伟大。如果身边的人待人虚情假意、遮遮掩掩，做事毛毛草草、比较浮夸，想必是难以让他人信任的。责任感，即敢于担当、敢于担责、敢于承担风险。责任感对每一个人都很重要。现实生活中，有些人遇到成绩，从不推让，但一旦出事，就把责任撇得清清楚楚，感觉事情的后果跟自己一点关系都没有，这就是一种典型的没责任感的表现。生活中这样的人随处可见，而这种缺乏责任感的人也很难获得身边其他人的认同。

合作项目是在个体项目的基础之上，增加任务的困难度，需要训练队员相互配合才能顺利、快速地完成。合作项目的主要目的是让参训人员体验同伴间的信任和互助，增强信任感和安全感，培养积极主动、勇敢奉献的精神，同时树立责任意识和集体协作意识。在团队任务的完成过程中，每一个成员都要承担起自己的责任，这样才能保证任务的顺利完成，同时，确保安全无事故。

场地要求：

专用的心理行为训练场地，训练环境要求安静、不受干扰，训练场地地面平坦无障碍物，场地内部及周边无积水、无火源、无化学物品。

天气要求：

天气情况对部分合作项目，尤其是高空项目训练的安全和训练效果会有较大影响，在雪天、雨天等恶劣天气情况下禁止开展室外训练，风力达到 4 级以上、气温高于35℃或低于 5℃时也不宜开展室外训练。

人员健康要求：

合作项目通常具有一定的危险性，对参训人员的心理刺激程度较大，为保证人员安全，应对参训人员的身体健康进行初步筛查。由于身体状况对训练中的体验有很大的影响，为了保证训练效果，在训练前要对每一位参训学员的身体状况进行了解和观察，并通过询问的方式进行确认。如患有类似心脏病、高血压、腰椎病等疾病，近期做过内外科手术、受过内外伤并未痊愈者，或近期有感冒、发热症状、服用药物致精神状态不佳者，以及医生明确告知不宜参加剧烈运动者均应禁止参加训练。

开展合作项目训练时需要有保护队员。保护队员需挑选责任心强、协调性好、身体素质佳的人员担任。被选出的人员必须先进行练习，熟练掌握保护动作全部要领后，才可成为保护队员。

着装要求：

参训人员应穿着较宽松、适宜运动的、结实的训练服、训练鞋。参训人员不得佩戴包括项链、戒指、耳环等在内的任何饰物，随身也不得携带其他任何与训练无关的物品。

热身运动：

参训人员在课目训练开始之前必须要充分活动身体，便于动作的正常发挥和防止训练中受伤。可先慢跑 400 米，再从头到脚对每个关节部位做两个八拍的热身准备活动，充分舒展全身各个关节、拉伸肌肉，使身体发热、微微出汗。

第一节　协力攀登

情境模拟：

在战斗中，为有效打击敌方的火力点，我方狙击手需快速占据某建筑物制高点，为隐蔽到达指定位置，需从建筑物后方无门窗处进行攀爬，通过现场分析评判，可利用建筑物每层间的向外突出部分，通过双人协作方式向上攀爬。

器械名称：

巨人梯。高 12 米，每个梯子宽 3 米，梯面宽度 7 厘米，相邻的梯子之间间距由

1.4 米逐渐增加至 1.8 米。

训练要求：

两名受训人员为一组，互相协作向上攀登梯子至最顶端。

训练目的：

体验同伴间的信任和互助，培养积极主动和勇敢奉献的精神，锻炼顽强的意志力，开发自我潜能。

装备要求：

经 CE 或 UIAA 国际专业机构认证的专业登山装备，检查装备数量。

序号	名称	数量	单位	序号	名称	数量	单位
1	主保护绳	2	根	6	“D”形锁	2	把
2	半身式安全带	2	条	7	手套	10	双
3	全身式安全带	2	条	8	安全帽	2	顶
4	“8”字环	2	个	9	扁带	2	条
5	“O”形锁	4	把				

人员分组：

以组为单位进行训练，每组 10～12 人。

下达课目：

受训人员以组为单位由教练员带入场地，下达课目。

课目：心理行为训练

内容：协力攀登

目的：

1. 培养敢为人先的战斗精神，增强面对挫折和困境的处置能力。
2. 掌握自我暗示、自我激励等情绪调整的方法，充分发掘个人和团队潜能。
3. 培养协作精神和相互信任的品格。

时间：

训练共计 80 分钟，分为课目操作和交流分享两部分来完成，其中课目操作约 60 分钟，交流分享约 20 分钟。

要求：

1. 严格按照安全规定进行操作。
2. 训练全程严肃认真，不得嬉笑和打闹。
3. 认真体验训练中的心理感受。

训练实施流程：

1. 教练员宣布课目训练规则，安排人员参与训练和保护的顺序并严格执行。

2. 用牵引绳将主保护绳牵引穿过梨形环，挂在梨形环上，主保护绳不得缠绕、打结。将主保护绳靠近器械的一端打一个“8”字结，并将剩下的绳头部分打一个防滑结。

3. 训练队员与保护队员均按照规定正确穿戴好全套防护装具。

4. 教练员和主保护队员对照安全检查清单进行细致检查，确保安全无误。

5. 在出发空地处，全体队员环绕成圆形，单手搭于一起，训练队员大声呼喊：“我是×××（名字），我来挑战！”其他队员齐声呐喊：“加油！”以示鼓励。

6. 训练队员站于巨人梯下，面向保护队员，大声询问：“准备好了吗？”保护队员齐声回答：“准备好了！”训练队员再次确认：“我要出发了！”保护队员回答：“我们支持你！”

7. 训练队员站于巨人梯下，观察周边环境和巨人梯的高度，体验自己的焦虑、恐惧等心理变化，并调整呼吸。

8. 训练队员站至巨人梯下方，两人根据巨人梯的梯间距离，协同配合依次向上攀爬，两人的手都摸到最上方的横梁，即完成任务。

9. 训练队员攀至最高处时，观察周边环境和自己所处的位置，再次体验自己心理变化，并调整呼吸。

10. 完成项目后，训练队员与主保护队员进行沟通确认，待主保护队员将保护绳收紧后，地面两名未参与保护的学员将巨人梯向后方拉，使其与垂直方向呈约30度，训练队员双脚离开梯子，双手侧平举或置于身前，由保护队员缓慢放绳降落至地面。

11. 待保护队员将主保护绳挂锁解开后，训练队员行进至出发空地，脱下全身防护装具交给下一组受训队员，归队。

评价标准：

从开始攀登至顺利完成任务，即表明挑战成功。在此基础上，训练队员在8分钟之内完成评为优秀，10分钟之内完成评为良好。

训练后交流：

全体受训人员在出发空地处围坐成一圈，分享交流以下内容：

1. 开始接到任务时和行进过程中的心理感受如何？有什么变化？

2. 当你感到体力不支时，是什么力量鼓舞你继续的？

3. 通过训练你学会了哪些有效自我调适的方法？

4. 现实中有没有必须两个人协作才能完成的事？是如何做的？

5. 团队中的两个人应该如何协作？你对牺牲和得到、奉献与索取、支持与寻求帮助如何理解？

6. 在保证自己安危和冒险帮助队友之间，你是如何选择的？

观察要素：

在本课目训练中会出现包括以下典型行为在内的多种行为，教练员需注意观察：

1. 看到项目的难度后，是否有些人立即产生畏难情绪，开始紧张、害怕、逃避，不敢去做。

2. 是否有些人觉得项目很简单，自告奋勇提出第一个来做。

3. 攀爬过程中，是否有人感觉呼吸急促、心跳加快，突然提出害怕、要退出的要求。

4. 攀爬过程中是否两人相互鼓励，相互提醒、沟通和配合。

5. 攀爬过程中是否有一人要放弃，但另一人要坚持的现象。

6. 是否敢于腾出一只手来给予队友以更大的支持。

7. 是否有人因为体力消耗比较大、感觉配合困难而产生放弃的念头。

注意事项：

1. 训练队员在一切准备就绪并得到教练员的允许后，方可攀爬器械，攀爬时速度要适中，要保证主保护队员收绳的速度能跟上自己攀爬的速度，注意攀爬动作不可过快。

2. 训练队员在任务开始进行和结束后均要与主保护队员进行沟通确认后方才可进行下一步动作。

3. 一根主保护绳最多只能保护一名训练队员。

4. 训练队员在任务操作过程中遇到困难或挫折时，其余队员可掌声鼓励，但避免大声呼喊干扰训练队员操作，更不可起哄；遇到确实非常困难的人员，要有耐心地进行鼓励和调适，如果实在不行，允许其返回。

5. 训练后的分享交流要不受外界的自然因素和人为因素干扰，事先根据课目内容设置一些鼓励、启发、引导性的问题，供受训人员在实践中进行正确领会和运用，并不断地总结和提炼。

6. 鼓励每一位受训人员参与交流讨论，避免过度宣泄消极情绪。

第二节　相互依存

情境模拟：

在对某山区地震灾害的救援过程中，我先遣分队发现通往山区的原有空中索桥破损严重，仅剩两道与地面平行的铁索，铁索间距 1 米左右，为快速到达震中区域了解群众的伤亡情况，为指挥部提供及时可靠的信息，我先遣分队经现场分析评判后，决定以两人为一组、通过相互协同的方式通过。

器械名称：

双索桥。两根钢索长 5.5 米，间距由 0.8 米逐渐增至 1.2 米，两条钢索距地面高度 8 米。

训练要求：

两名受训人员手掌相对，协同配合保持身体平衡，走过双索桥。

训练目的：

增强官兵合作意识，学会信任和依靠战友，体验相互帮助所产生的巨大力量。

装备要求：

经 CE 或 UIAA 国际专业机构认证的专业登山装备，检查装备数量。

序号	名称	数量	单位	序号	名称	数量	单位
1	主保护绳	2	根	6	“D” 形锁	2	把
2	半身式安全带	2	条	7	手套	10	双
3	全身式安全带	2	条	8	安全帽	2	顶
4	“8” 字环	2	个	9	扁带	2	条
5	“O” 形锁	4	把				

人员分组：

以组为单位进行训练，每组 10 ~ 12 人。

下达课目：

受训人员以组为单位由教练员带入场地，下达课目。

课目：心理行为训练

内容：相互依存

目的：

1. 培养勇气和毅力，增强敢为精神和应对挫折能力。
2. 掌握情绪调整的方法，保持良好的心理应激状态。
3. 培养协作精神和相互信任的品格。

时间：

训练共计 80 分钟，分为课目操作和交流分享两部分来完成，其中课目操作约 60 分钟，交流分享约 20 分钟。

要求：

1. 严格按照安全规定进行操作。

2. 训练全程严肃认真，不得嬉笑和打闹。

3. 认真体验训练中的心理感受。

训练实施流程：

1. 教练员宣布课目训练规则，安排人员参与训练和保护的顺序并严格执行。

2. 用牵引绳将主保护绳牵引穿过梨形环，挂在梨形环上，主保护绳不得缠绕、打结。将主保护绳靠近器械的一端打一个“8”字结，并将剩下的绳头部分打一个防滑结。

3. 训练队员与保护队员均按照规定正确穿戴好全套防护装具。

4. 教练员和主保护队员对照安全检查清单进行细致检查，确保安全无误。

5. 在出发空地处，全体队员环绕成圆形，单手搭于一起，训练队员大声呼喊：“我是 × × ×（名字)，我来挑战！”其他队员齐声呐喊：“加油！”以示鼓励。

6. 训练队员站于攀登梯下，面向保护队员，大声询问：“准备好了吗？”保护队员齐声回答：“准备好了！”训练队员再次确认：“我要出发了！”保护队员回答：“我们支持你！”

7. 训练队员通过攀登梯抵达双索桥一侧，观察周边环境和双索桥的位置及特点，体验自己的焦虑、恐惧等心理变化，并调整呼吸。

8. 训练队员站至索桥出发地点时，各踩一条钢索，面向对方，双手十指相扣，掌心相推，利用相互之间的作用力维持身体平衡，在行进过程中，队员根据各自索桥上的状态和索桥的晃动情况调整行进姿态，在相互信任和配合下同步到达索桥对侧。

9. 训练队员行进至对侧时，观察周边环境和自身所在位置，再次体验自己此时的心理变化，并调整呼吸。

10. 完成项目后，训练队员与主保护队员进行沟通确认，待主保护队员将保护绳收紧后，训练队员沿攀登梯逐步下降至地面。

11. 待保护队员将主保护绳挂锁解开后，训练队员行进至出发空地，脱下全身防护装具交给下一位受训队员，归队。

评价标准：

从开始攀登至顺利完成任务，即表明挑战成功。在此基础上，训练队员在 4 分钟之内完成评为优秀，6 分钟之内完成评为良好。

训练后交流：

全体受训人员在出发空地处围坐成一圈，分享交流以下内容：

1. 活动开始之前大家都做了哪些准备？

2. 仅凭自己一个人能否走过去？

3. 在完成任务的过程中队友为你做了什么？你为队友做了什么？

4. 大家回想一下，都是什么让我们在钢索上迈出每一步？

观察要素：

在本课目训练中会出现包括以下典型行为在内的多种行为，教练员需注意观察：

1. 看到项目的难度后，是否有些人立即产生畏难情绪，开始紧张、害怕、逃避，不敢去做。

2. 刚布置完任务，是否很多队员就抢着和那些身强体壮的队员做搭档。

3. 是否有的队员由于过分紧张，迟迟不敢放手前行，在搭档的反复鼓励下终于迈出第一步。

4. 言语中是否表现出对队友没有信心，在活动过程中自己表现得很消极。

5. 是否有的队员失败后要求换一个搭档再做一次。

6. 是否有人只顾自己在行动中的稳定性，不顾及队友的平衡，最终还是掉了下来。

注意事项：

1. 注意主保护绳的松紧非常重要，太紧会影响队员的动作和体验，太松会增加在发生冲坠时受伤的概率，所以既要关注感受性、也要保证安全，注意主保护队员的站位、移动和配合。

2. 训练队员在任务开始进行和结束后均要与主保护队员进行沟通确认后方才可进行下一步动作。

3. 一根主保护绳最多只能保护一名训练队员。

4. 训练队员在任务操作过程中，或是遇到困难或挫折时，其余队员可掌声鼓励，但避免大声呼喊干扰训练队员操作，更不可起哄。

5. 训练后的分享交流要不受外界的自然因素和人为因素干扰，事先根据课目内容设置一些鼓励、启发、引导性的问题，供受训人员在实践中进行正确的领会和运用，并不断地总结和提炼。

6. 鼓励每一位受训人员参与交流讨论，避免过分宣泄消极情绪。

第三节　巧过电网

情境模拟：

特战分队在秘密前往敌军指挥部进行突袭的路上遇到敌人设置的电网障碍，需要队员在不暴露自己、不发生伤亡的情况下，在规定时间内快速通过电网，按时完成突袭任务。

器械名称：

模拟电网（其中包含大小不一的通道，要求比实际参训人数多2～5个通道），蜡旗绳14米，金、银丝线各20米。也可利用自然资源进行训练（找两棵粗树，间距在2.5～3米）。

训练要求：

受训人员观察电网通道位置，不得借助其他辅助工具尽快利用通道通过电网，身体任何部分不得触碰电网。

训练目的：

帮助受训人员培养紧急情境中团队的密切协作和个人缜密的思维能力，训练领导者在时间紧迫的条件下良好的组织协调和决断能力。

人员分组：

以组为单位进行训练，每组10～12人。

下达课目：

受训人员以组为单位由教练员带入场地，下达课目。

课目：心理行为训练

内容：巧过电网

目的：

1. 培养紧急情境中团队的密切协作和个人缜密的思维能力。

2. 训练领导者在时间紧迫条件下良好的组织协调和决断能力。

3. 增强团队凝聚力，提升团队成员之间的相互信任。

时间：

训练共计30分钟，分为课目操作和交流分享两部分来完成，其中课目操作约20分钟，交流分享约10分钟。

要求：

1. 严格按照安全规定进行操作。

2. 训练全程严肃认真，不得嬉笑和打闹。

3. 认真体验信任和协作在团队训练中的作用。

训练实施流程：

1. 教练员布置训练任务及宣布规则。

2. 教练员组织受训人员进行准备活动，所有受训人员在项目开始之前必须要充分活动身体，防止在培训中受伤或影响动作的正常发挥，准备要使各个关节充分舒展、拉伸肌肉、身体发热、微微出汗。

3. 教练员组织受训人员解除身体多余物品（如手表、首饰等），检查衣服、鞋子是否合适。

4. 开始操作之前，全体队员环绕成圆形，单手搭于一起，呼喊队训相互鼓励。

5. 每个通道只可使用一次，已经通过的电网即算废弃，不可重复使用。

6. 任何人身体的任何部位，以及任何物品不得接触电网，一旦接触电网，此通道将会封闭，正在通过的人员退回。

7. 不得借助任何辅助工具，不许有危险动作。

8. 从活动开始至活动结束，所有人只能从电网中间通过。

评价标准：

从下达命令时至全体完成，5 分钟为优秀，8 分钟为良好，10 分钟为合格。

训练后交流：

全体受训人员在空地处围坐成一圈，分享交流以下内容：

1. 刚接到任务时是怎样想的？谁是我们的领导？

2. 遇到了什么样的困难？最终是怎样解决的？

3. 如果你的意见没有被采纳，你的感受如何？自己采取了什么样的行动？平时工作与生活中是否有类似的情况？

4. 个人在集体中起到了什么样的作用？你对自己的表现满意吗？为什么？

5. 我们整个集体在项目中的协作程度如何？平时又是怎样的？

6. 有没有人提出按个人体形大小选择适宜的通道以有效分配资源？

7. 在任务进行时，有没有考虑到最后一名队员的通过办法？

8. 通过培训有哪些收获？如何应用于将来的工作、学习和生活中？

观察要素：

1. 有些人认为任务太容易，不积极参与。

2. 没有计划好就匆忙行动。

3. 过多争论方案，并没有实际行动从而导致失败。

4. 行动受挫后相互抱怨。

5. 有人积极提出建议，但没有被采纳，随后显得消沉。

6. 刚开始不够主动，当自己被队友送过去以后，态度上有了改变，积极地投入其中。

7. 有人显得特别谨慎，三思而后行。

8. 有的人积极参与指挥，给团队出主意。

9. 一些队员把稍大一点的通道让给形体更大的队友。

注意事项：

1. 教练员应时刻注意是否有可能导致事故发生的隐患，一旦发现应立即纠正。

2. 应注意观察队员在操作中的各种表现，避免有违培训目的的现象发生。

3. 规则的尺度根据团队的具体表现把握，通常情况下要严厉。

第四节　同步行军

人员分组：

以组为单位进行训练，每组 3 ~5 人，可以多组竞技。

道具及场地要求：

一片空旷的大场地，每组备一条长约 5 米的绑带。

下达课目：

受训人员以组为单位由教练员带入场地，下达课目。

课目：心理行为训练

内容：同步行军。

目的：

1. 培养团队队员之间的配合和信任。

2. 锻炼团队合作能力及协调能力。

时间：

训练共计 30 分钟，分为课目操作和交流分享两部分来完成，其中课目操作约 20 分钟，交流分享约 10 分钟。

要求：

1. 严格按照安全规定进行操作。

2. 训练全程严肃认真，不得嬉笑和打闹。

3. 认真体验信任和协作在团队训练中的作用。

训练实施流程：

1. 将人员按照 3 ~5 人一组分为若干小组。

2. 每组人员并排站立于出发点，将相邻的两个人相邻的腿用绑带绑在一起，绑腿位置在脚踝与膝盖之间。

3. 用眼罩将两侧人员的眼睛蒙住，确保眼前是黑的。

4. 两组成员站于起跑线前，待教练员发出口令后再出发，不得抢跑。

5. 在行进过程中，绑带若松开，必须停止系好后再前进。

6. 行进途中注意保持速度和平衡，避免摔倒，中途若有人摔倒，应该立即停下等重新准备好之后，再接着前进。

7. 教练员发布“前进”口令，小组人员协力前进至目的地，用时最短者获胜。

训练后交流：

全体受训人员围坐成一圈，分享交流以下内容：

1. 对本次活动影响最大的是什么？

2. 如何在行动中调整失败行为？

3. 就更好地完成本次行动你是否提出自己的意见？是否被采纳？后果如何？

4. 行动一致对本次行动的影响如何？

5. 通过本次行动获得了哪些收获？如何将这些收获应用于将来的工作、学习和生活中？

观察要素：

1. 接受任务后队员是否进行讨论并遵照方案执行。

2. 行动过程是否顺利。

3. 行动失败后有无队员进行埋怨或抱怨。

4. 顺利完成行动后有无进行反思与调整。

5. 在行动中队员有无不同的表现。

注意事项：

1. 教练员应时刻注意是否有可能发生事故的隐患，一旦发现应立即纠正。

2. 应注意观察队员在操作中的各种表现，避免有违培训目的的现象发生。

3. 在终点处可放置护栏或软垫，防止队员在冲刺时跌倒受伤。

第五节　信任背摔

安全感和归属感是人类最基本的需要，也是团队凝聚力的基础。只有充分信任团队成员，融入团队，才能提高团队的执行力。

器械名称：

背摔台。高 1.45 米和 1.75 米平台各一个，整体宽 4 米，周围地面整洁，无障碍物。另备绑手软绳一根。

训练要求：

受训人员依次从平台上后倒，由其他队员在台下将其接住。

训练目的：

体验安全感和信任感，建立团体成员间的互相信任和支持，了解信任在团体中的作用，增强自信心、责任感和集体协作精神，增强团队凝聚力和执行力。

人员分组：

以组为单位进行训练，每组 10 ~ 12 人。

下达课目：

受训人员以组为单位由教练员带入场地，下达课目。

课目：心理行为训练

内容：信任背摔

目的：

1. 体验安全感和归属感，建立参训成员的信任与支持。

2. 增强自信心、责任感和集体协作精神。

3. 建立互相信任的人际关系，凝聚集体战斗力。

时间：

训练共计 30 分钟，分为课目操作和交流分享两部分来完成，其中课目操作约 20 分钟，交流分享约 10 分钟。

要求：

1. 严格按照安全规定进行操作。

2. 训练全程严肃认真，不得嬉笑和打闹。

3. 认真体验信任和协作在团队训练中的作用。

训练实施流程：

1. 教练员布置训练任务及宣布规则。

2. 教练员组织受训人员进行准备活动，所有受训人员在项目开始之前必须要充分活动身体，防止在培训中受伤或影响动作的正常发挥，准备要使各个关节充分舒展、拉伸肌肉、身体发热、微微出汗。

3. 教练员组织受训人员解除随身携带的多余物品（如手表、首饰等），检查衣服、鞋子是否合适。

4. 全体人员为站在中间的背摔人员加油，背摔人员登上背摔平台，用软绳系上双手，防止其背摔过程中双手打开伤及队友。

5. 全体保护队员在保护位置站好，头后仰并斜向背摔人员以便及时调整位置。

6. 背摔人员准备好以后大声询问保护队员："大家准备好了吗?" 全体保护人员集

中精神，大声回答："准备好了!"背摔人员再大声告诉他们："我要倒了!"待大家回答："我们支持你!"之后尽可能保持身体笔直向后方倒下。

7. 全体保护人员稳稳接住背摔人员并保持 3 秒钟，同时大声给予其赞扬，然后先将其双脚放下使之安全站立。

背摔人员动作要领：

1. 爬上器械：顺梯子爬上背摔台，靠在与保护队员垂直的护栏上，背对保护队员们。

2. 学做动作：两手前举、掌心相对，向内翻转手掌、拇指冲下，双臂交叉、掌心相对，十指交叉握紧，然后将双手向内掏出，抱于胸前。

3. 用捆手绳捆住背摔队员的手腕，松紧程度以让其打不开手、又不感到疼痛为准。

4. 背摔队员后倒时要始终保持双脚并拢、膝盖伸直、腰挺直、微微低头、身体挺直的姿势。背对保护队员，脚后跟探出背摔台，身体缓慢后倒，利用自身重力后倒，不可跳跃。

保护人员动作要领：

1. 学做动作：按身高情况两两一组，两两相对，组与组之间肩膀相靠。双腿呈弓箭步状，膝盖内侧靠紧。手臂前平举，始终保证对方的一只手臂在自己的双臂之间，指尖搭在对方锁骨窝处，掌心向上，手臂伸直，肩膀挤紧。肩膀挤紧时，靠近背摔台的第一组向远离背摔台的方向挤，其他组与他们挤紧。

2. 在背摔队员准备好后，要严格按照教练员的要求做好动作，并调整自己的位置。当背摔队员问"大家准备好了吗"时，一定要确定自己真的准备好了，才可以大声地回答："准备好了!"并注意观察其动作，集中注意力，判断其什么时候接触自己的手臂。

3. 当保护队员看到背摔队员倒下时，手臂一定要用力伸直，重点是在其接触手臂的瞬间，全力接住背摔队员。

4. 接住后要将背摔队员的脚先放下，然后再将其扶正站稳，帮助其解开捆手绳，不得抛接。

评价标准：

从站立平台起至完成任务止，综合评价，从动作规范、精神面貌、完成质量三个方面进行评判，分为优秀、良好、合格。

训练后交流：

全体受训人员围坐成一圈，分享交流以下内容：

1. 背摔者站立背摔台时心里有何感受？能够完全信任台下的队友们吗？

2. 倒在队友的臂弯中的那 3 秒有何感受？这时参与保护的队友们有什么样的感觉？

3. 在这个活动中受到激励了吗？是什么力量在激励自己？

4. 工作中的信任是如何促进大家进步的？活动对工作有哪些启示和帮助？

5. 在工作中有没有由于信任不足而产生的失败问题？

观察要素：

1. 不时地回头看其他队员准备好了没有。

2. 即将倒下前，是否非常紧张，双腿僵直。

3. 是否能够笔直地后倒或姿势变形。

4. 倒下的瞬间是否大声叫喊出来。

5. 保护队员是否尽力靠近，为保护背摔队友缩小间隙。

6. 保护人员是否因背摔冲击力导致身体疼痛、疲倦，但仍然尽心尽力。

7. 躺在队友的臂膀环抱中是否感到十分幸福。

8. 保护人员每次保护完一名队友后，是否都很愉悦，如释重负。

注意事项：

1. 要求保护人员在任何情况下都不可以撒手。

2. 随时提醒大家注意保护，纠正保护动作，一旦发现安全隐患，应立即中止训练。

3. 整个过程中要时刻注意保护人员的动作是否正确，精力是否集中。如发现有人嬉笑打闹或有人还未准备好时，不可让背摔队员进行操作。

4. 不管背摔人员在任何情况下、向任何方向发生坠落，都要有人能够接住并进行保护。

5. 尤其要注意保护背摔人员的头部、颈部和脚部。

6. 项目进行中教练员随时关注可能出现危险的地方，宁可自己受伤也要保护好队员。

7. 当背摔人员长时间不敢背摔时，及时进行疏导和调适。

第六节　合力冲击

情境模拟：

我部一小分队接上级命令通过某敌人封锁区域，经侦察探明封锁区域内有一 4 米高小型工事，会阻挡行动队员行进路线，由于在敌封锁区内，需要全体队员相互协作，悄无声息地通过障碍。

器械名称：

四米高墙。高 4 米，宽 2.4 米，墙体上方平台大小 2.4 米 ×1.7 米，墙面为花纹钢材质，具备一定防滑性能。周围地面整洁，无障碍物，台面整洁。高墙前面铺设海绵垫，墙与海绵垫之间没有缝隙。

训练要求：

1. 全体队员协作攀爬，成功登上高墙上方平台。

2. 受训人员不得使用任何企图延长自己身高的工具，也不得借助墙面边缘；不能反关节拉人；不能助跑起跳；在项目没有结束之前，所有爬上平台的队员如要下来，必须通过墙壁正面，且不允许直接跳下。

训练目的：

训练受训人员团队协作的沟通协作能力，快速有效进行沟通协调的心理技巧；培养个人对集体的奉献精神，增强自我牺牲的勇气；提高团队协作效能，培养顽强战斗的意志品质；掌握4米高墙翻越技巧，提升体能，锻炼胆识。

人员分组：

以组为单位进行训练，每组8～10人。

下达课目：

受训人员以组为单位由教练员带入场地，下达课目。

课目：心理行为训练

内容：合力冲击

目的：

1. 锻炼团队协作能力及沟通协调能力。

2. 建立团队成员的信任与支持，增强自信心与责任感。

3. 充分挖掘自身潜能，锻炼勇往直前的意志品质及处理困难问题的方法。

4. 增强团队成员的归属感和认同感。

时间：

训练共计80分钟，分为课目操作和交流分享两部分来完成，其中课目操作约60分钟，交流分享约20分钟。

要求：

1. 严格按照安全规定进行操作。

2. 训练全程严肃认真，不得嬉笑和打闹。

3. 认真体验信任和协作在团队训练中的作用。

训练实施流程：

1. 教练员布置训练任务及宣布规则。

2. 教练员组织受训人员进行准备活动，所有受训人员在项目开始之前必须要充分活动身体，防止在培训中受伤或影响动作的正常发挥，准备要使各个关节充分舒展、拉伸肌肉、身体发热、微微出汗。

3. 教练员组织受训人员解除随身携带的多余物品（如手表、首饰等），检查衣服、鞋子是否合适，然后组织穿戴防护装备（例如护腕、护膝、头盔等），并在高墙前方设置海绵垫。

4. 教练员强调训练过程中需要注意的危险行为，并提醒受训人员项目进行过程中需要体会的内容。

5. 开始进行训练，受训人员分组商议和讨论实施方案并组织实施，直至最后一名队员登上平台。

6. 受训人员由平台侧方梯子一一有序登下。

评价标准：

从开始至完成任务止，按完成时间进行评价。

训练后交流：

全体受训人员在出发空地处围坐成一圈，分享交流以下内容：

1. 在这个活动中受到激励了吗？是什么力量在激励自己？

2. 开始接到任务时心理感觉如何？我们是如何做的？对结果有何影响？

3. 完成任务过程中有没有分工？是如何分工的？团队中应该如何分工和协作？

4. 在整个过程中，你们每做完一步都知道下一步该做什么吗？实际上能做到吗？为什么？应该怎么办？

5. 就训练本身而言，目的是什么？

6. 当成功完成任务，有怎样的心理感受？

观察要素：

1. 成员是否有被动接受，消极等待，不提任何意见，被动等待行为。

2. 是否有人自己上去后无所事事，不愿帮助其他人。

3. 活动中是否没有计划就匆忙行动。

4. 有的人有较好的建议，说出来是否有人听，还是一味消极等待。

5. 活动中是否对方案争论很多，但是并无执行或试验。

6. 是否有一个明显的指挥者或者有几个人同时指挥。

7. 搭人梯时是否不断总结出新的方法。

8. 有人从一开始就在下面当人梯，这些人是否有埋怨及不满情绪。

9. 商议过程是否混乱，未形成统一意见。

10. 实施过程中是否发现新的问题，是否互相埋怨。

11. 是否有埋头苦干、甘为人梯、毫无怨言、勇于担责的骨干力量。

注意事项：

1. 项目开始前提醒受训人员穿好衣服和鞋，将所有随身携带物品解除，项目开始后，教练员要始终注意受训人员的动作，注意力是否集中，注意海绵垫的位置。

2. 在团队完成艰巨任务时，全体队员应分工负责，严格执行团队制订的任务完成规则。

3. 训练开展过程中，全体队员均要参与保护队友的安全，包括已经登上平台的队员和在地面的队员。

4. 注意不要拉扯衣服，不要踩头部，不要踩脊椎，当人梯下方受训人员蹲起时，注意一定要有人顶住他的腰，防止腰部受伤。

5. 被保护队员在任何情况下、向任何方向发生坠落，都要有人能够接住并保护他。

6. 要重点注意保护倒数第二名和最后一名攀爬的队员。

7. 教练员随时观察受训人员自我保护和相互保护情况，纠正保护动作，一旦发现安全隐患，应立即吹哨警告，听到哨声时一切活动必须立即停止，纠正危险或排除隐患后方可继续。

8. 注意记录活动中的典型行为表现，关键时间点和关键人物发挥的作用。

9. 训练中攀爬方式可以有多种，攀爬前不要告诉受训人员某种攀爬方式，也尽量避免不同团队同时培训导致的相互学习现象。

10. 项目结束时，受训人员由侧方梯子登下时，教练员注意提醒和保护。

第九章　潜能激发

人的心理活动是以生理机能为物质基础的，心理的极限状态是通过生理的极限状态引发的。当个体的生理、心理极限升至最大阈值，并受到一定冲击时，其功能可得以延伸和增长。高空项目训练主要是以潜能激发理论为基础，通过创设一定的环境来使人产生一定的心理反应，通过特定行为的发生来开发人的潜能，激发出与生俱来的潜能，超越过去无法超越的心理障碍，推动人的心理素质健康发展，即利用外界刺激激发人的潜能的训练。

高空项目训练是心理行为训练的重要组成内容，采用极限训练、情境训练以及暗示训练等基本方法，在高空中设置具有一定危险性和完成困难度的任务。选用极限攀岩、凌空跨越、绝境逢生、飞跃自我等训练项目，要求受训者在高空完成各个项目如同在地面完成一样流畅，旨在借助多种刺激手段，对受训者的生理、心理有意识地施加影响，使其生理和心理状态发生改变，并能控制达到适宜的程度，克服高空带来的恐惧感来提高人员心理承受能力，培养队员注意力的稳定性和集中性，提高观察的精确度、敏锐度，激发思维创造性，树立自信心，减少恐惧、疲劳、厌倦及无能为力的感觉，磨炼受训人员的意志力，提高综合心理素质，使受训者积极主动、高效地活动与工作。

场地要求：

专用的心理行为训练场地，训练环境要求安静、不受干扰，训练场地地面平坦无障碍物，场地内部及周边无积水、无火源、无化学物品。

天气要求：

天气情况对高空项目训练的安全和训练效果会有较大影响，在雪天、雨天等恶劣天气情况下禁止训练，风力达到 4 级以上、气温高于 35℃或低于 5℃时也不宜开展训练。

人员健康要求：

高空训练项目具有较高的危险性，对受训人员的心理刺激程度较大，为保证人员安全，应对受训人员的身体健康状况进行初步筛查。由于身体状况对训练中的体验有很大影响，为了保证训练效果，在训练前要对每一位参训学员的身体状况进行了解和观察，并通过询问的方式进行确认。如患有类似心脏病、高血压、腰椎病等疾病，近期做过内外科手术、受过内外伤并未痊愈者，或近期有感冒、发热症状、服用药物致精神状态不佳者，以及医生明确告知不宜参加剧烈运动者均应禁止参加训练。

此项目需要保护人员。保护队员需挑选责任心强、协调性好、身体素质佳的人员担任。被选出的人员必须先进行练习，熟练掌握保护动作全部要领后，才可成为保护人员。

着装要求：

受训人员应穿着较宽松、适宜运动的、结实的训练服、训练鞋。受训人员不得佩戴任何饰物，也不得随身携带其他任何与训练无关的物品。

热身运动：

受训人员在课目训练开始之前必须要充分活动身体，便于动作的正常发挥和防止训练中受伤。可先慢跑400米，再从头到脚对每个关节部位做两个八拍的热身准备活动，充分舒展全身各个关节、拉伸肌肉，使身体发热、微微出汗。

第一节 极限攀岩

情境模拟：

我部在对敌人进行埋伏时，计划通过一面陡峭但是岩体坚固的悬崖，我部首长下达命令，所有队员依次攀登岩壁，在最高点会合。

器械名称：

人工岩壁。高12米。共3个攀爬通道，每个通道宽1.8米。其中一条通道在8米高处向外凸出约40厘米。

训练要求：

受训人员单独由地面开始攀爬至岩壁最顶端。

训练目的：

掌握攀岩的基本操作技能，提升体能，锻炼胆识，培养自我激励、敢于突破自我、全力奋斗的精神。

装备要求：

经CE或UIAA国际专业机构认证的专业登山装备，检查装备数量。

序号	名称	数量	单位	序号	名称	数量	单位
1	主保护绳	1	根	6	“D”形锁	1	把
2	半身式安全带	1	条	7	手套	5	双
3	全身式安全带	1	条	8	安全帽	1	顶
4	“8”字环	1	个	9	扁带	1	条
5	“O”形锁	2	把				

人员分组：

以组为单位进行训练，每组 10～12 人。

下达课目：

受训人员以组为单位由教练员带入场地，下达课目。

课目：心理行为训练

内容：极限攀岩

目的：

1. 超越自我的极限。

2. 认识挫折，战胜挫折。

3. 培养坚强的意志力，并学会正确归因。

时间：

训练共计 80 分钟，分为课目操作和交流分享两部分来完成，其中课目操作约 60 分钟，交流分享约 20 分钟。

要求：

1. 严格按照安全规定进行操作。

2. 训练全程严肃认真，不得嬉笑和打闹。

3. 认真体验训练中的心理感受。

训练实施流程：

1. 教练员宣布课目训练规则，安排人员参与训练和保护的顺序并严格执行。

2. 用牵引绳将主保护绳牵引穿过梨形环，挂在梨形环上，主保护绳不得缠绕、打结。将主保护绳靠近器械的一端打一个“8”字结，并将剩下的绳头部分打一个防滑结。

3. 训练队员与保护队员均按照规定正确穿戴好全套防护装具。

4. 教练员和主保护队员对照安全检查清单进行细致检查，确保安全无误。

5. 在出发空地处，全体队员环绕成圆形，单手搭于一起，训练队员大声呼喊：“我是×××（名字），我来挑战！”其他队员齐声呐喊：“加油！”以示鼓励。

6. 训练队员在攀爬前面向保护队员进行确认："准备好了吗？"保护队员听到询问时，要齐声回答："准备好了！"训练队员再次确认："我要出发了！"保护队员回答："我们支持你！"

7. 训练队员在攀爬前仰望岩壁，体会心理感受。

8. 攀爬过程中动作不可过猛，不能借助保护绳和安全带进行或维持身体稳定。

9. 遇到困难挫折时可暂时停止攀爬，调整心理和身体状态后再继续进行。

10. 攀爬过程中一旦确认自己即将坠落，应立即与保护人员进行确认。

11. 完成任务后，与主保护队员进行沟通确认，待主保护队员将保护绳收紧后，手脚离开攀岩墙，双臂平举或置于身前注意自身保护。

12. 到地面站稳，待保护队员将主保护绳挂锁解开后，训练队员行进至出发地，脱下全身防护装具交给下一位受训队员，归队。

评价标准：

从开始攀爬至到达岩壁顶端，即表明挑战成功。在此基础上，训练队员在 4 分钟之内完成评为优秀，8 分钟之内完成评为良好。

训练后交流：

全体受训人员围坐成一圈，分享交流以下内容：

1. 开始接到任务时心理感觉如何？
2. 你如何确定自己的努力目标？
3. 爬到最困难的时候有什么感觉？
4. 攀爬前和下来后的心态有什么不同？
5. 如果你成功了（失败）了，自我认识及自我评价是否发生改变？
6. 在学习和生活中，遇到挫折时自己是何种表现（积极还是消极反应）？
7. 增强抗挫折能力，自己应该在哪些方面加强努力？
8. 你认为任务失败的原因是什么？

观察要素：

1. 在接到任务后，是否有人开始紧张、害怕、逃避，不敢去做。
2. 是否有人会自告奋勇提出第一个来做。
3. 在攀爬前和过程中是否注意观察岩板，选择岩点。
4. 攀爬过程中和爬到关键岩点时，是否感觉呼吸急促、心跳加快、无力等。
5. 有没有在爬到困难度大的岩点时突然提出害怕、身体问题等想不做了、放弃。
6. 爬到最高点后，是否犹豫再三不敢松手后坐。
7. 是否即使感到非常困难，还是尽全力向目标攀爬。

注意事项：

1. 训练队员在一切准备就绪并得到教练员的允许后，方可攀爬器械，攀爬时速度要适中，要保证主保护队员收绳的速度能跟上自己攀爬的速度，注意攀爬动作不可过快。

2. 训练队员在任务开始进行和结束后均要与主保护队员进行沟通确认后方才可进行下一步动作。

3. 一根主保护绳最多只能保护一名训练队员。

4. 训练队员在任务操作过程中遇到困难或挫折时，其余队员可掌声鼓励，但避免大声呼喊干扰训练队员操作，更不可起哄。

5. 训练后的分享交流要不受外界的自然因素和人为因素干扰，事先根据课目内容设置一些鼓励、启发、引导性的问题，供受训人员在实践中进行正确的领会和运用，并不断地总结和提炼。

6. 鼓励每一位受训人员参与交流讨论，避免过度宣泄消极情绪。

第二节　空中突袭

情境模拟：

在特种作战中，我特战分队受领上级命令，要求深入街区，利用直升机空降占领某大厦制高点。在出发地域使用直升机软梯攀爬至低空悬停的直升机机舱内，到达目标地域时再通过垂降绳索降落至大厦顶部。

器械名称：

空中云梯。铁索软梯高 12 米，宽 40 厘米，相邻梯子间距 45 厘米。云梯上段固定，下端不固定。云梯一侧 1 米处有一直立钢管，直径 5 厘米，上下两端均固定。

训练要求：

受训人员顺着云梯向上攀爬，爬至 8 米高处后握住一侧钢管，将身体移至钢管后顺钢管滑落至地面。

训练目的：

掌握在软梯上的攀登和平衡技巧，提升体能，锻炼胆识，培养自我激励、奋发向上的精神。

装备要求：

经 CE 或 UIAA 国际专业机构认证的专业登山装备，检查装备数量。

序号	名称	数量	单位	序号	名称	数量	单位
1	主保护绳	1	根	6	“D”形锁	1	把
2	半身式安全带	1	条	7	手套	5	双
3	全身式安全带	1	条	8	安全帽	1	顶
4	“8”字环	1	个	9	扁带	1	条
5	“O”形锁	2	把				

人员分组：

以组为单位进行训练，每组 10 ~ 12 人。

下达课目：

受训人员以组为单位由教练员带入场地，下达课目。

课目：心理行为训练

内容：空中突袭

目的：

1. 培养克服恐惧，勇往直前，增强敢为的精神。

2. 正确面对困难，学会舒缓心理、释放压力。

3. 提高在困难情况下的心理调控能力和身体协调能力。

时间：

训练共计 80 分钟，分为课目操作和交流分享两部分来完成，其中课目操作约 60 分钟，交流分享约 20 分钟。

要求：

1. 严格按照安全规定进行操作。

2. 训练全程严肃认真，不得嬉笑和打闹。

3. 认真体验训练中的心理感受。

训练实施流程：

1. 教练员宣布课目训练规则，安排人员参与训练和保护的顺序并严格执行。

2. 用牵引绳将主保护绳牵引穿过梨形环，挂在梨形环上，主保护绳不得缠绕、打结。将主保护绳靠近器械的一端打一个“8”字结，并将剩下的绳头部分打一个防滑结。

3. 训练队员与保护队员均按照规定正确穿戴好全套防护装具。

4. 教练员和主保护队员对照安全检查清单进行细致检查，确保安全无误。

5. 在出发空地处，全体队员环绕成圆形，单手搭于一起，训练队员大声呼喊：“我是 × × ×（名字），我来挑战！”其他队员齐声呐喊：“加油！”以示鼓励。

6. 训练队员站于软梯下，面向保护队员，大声询问："准备好了吗?"保护队员齐声回答："准备好了!"训练队员再次确认："我要出发了!"保护队员回答："我们支持你!"

7. 训练队员逐级攀爬云梯上升，攀爬时尽量保持身体正直，避免云梯前后大幅摆动及旋转，同时观察周边环境，体验自己的焦虑和恐惧反应，并调整呼吸。

8. 训练队员攀爬云梯到达指定位置（8 米高处），保持云梯平衡，调整呼吸，训练队员与主保护队员进行沟通确认，用手抓住云梯旁垂立钢管，将身体靠近并转移至钢管后缓慢垂降至地面。

9. 待保护队员将主保护绳挂锁解开后，训练队员行进至出发空地，脱下全身防护装具交给下一位受训队员，归队。

评价标准：

从开始攀登至顺利完成任务，即表明挑战成功。在此基础上，训练队员在 4 分钟之内完成评为优秀，6 分钟之内完成评为良好。

训练后交流：

全体受训人员在出发空地处围坐成一圈，分享交流以下内容：

1. 开始接到任务时心理感觉如何?

2. 攀爬之前有没有设立自己的目标？其依据是什么?

3. 当你感到难以控制身体或体力不支时，是什么力量鼓励你继续的?

4. 该项目对你心理上的挑战在哪里?

5. 你认为最难的是什么时候？是如何克服的?

观察要素：

在本课目训练中会出现包括以下典型行为在内的多种行为，教练员需注意观察：

1. 大家在接到任务后是否表现出比较明显的兴奋和紧张，是否有人认为容易，不在乎。

2. 看到器械后是否有人开始紧张、害怕、逃避，不敢去做。

3. 是否有人自告奋勇第一个来做，上升至高空时是否由于体力不支导致动作僵硬，行动迟缓。

4. 攀爬过程中，尤其是云梯摆动时是否感觉身体难以控制、呼吸急促、心跳加快，突然提出害怕、不做了的要求。

5. 是否感觉体力消耗比较大、体力不支，以为到达身体极限。

注意事项：

1. 训练队员在一切准备就绪并得到教练员的允许后，方可攀爬器械，攀爬时速度要适中，要保证主保护队员收绳的速度能跟上自己攀爬的速度，注意攀爬动作不可过快。

2. 训练队员在任务开始进行和结束后均要与主保护队员进行沟通确认后方才可进行下一步动作。

3. 一根主保护绳最多只能保护一名训练队员。

4. 训练队员在任务操作过程中，遇到困难或挫折时，其余队员可掌声鼓励，但避免大声呼喊干扰训练队员操作，更不可起哄。

5. 训练后的分享交流要不受外界的自然因素和人为因素干扰，事先根据课目内容设置一些鼓励、启发、引导性的问题，供受训人员在实践中进行正确的领会和运用，并不断地总结和提炼。

6. 鼓励每一位受训人员参与交流讨论，避免过度宣泄消极情绪。

第三节 凌空跨越

情境模拟：

在城市战斗中，我部受领上级命令，对某高楼进行搜查。由于敌人增援，我部官兵被困大楼顶层，需通过中间有断面的窄桥到达另一栋建筑，方可安全离开。

器械名称：

活动断桥。桥高 8 米，桥面宽 0. 35 米，断口处为活动端，两侧为固定端，其中一侧固定端有可调节断口间距的蜗轮，断口可调间距为 0. 8 ~ 1. 8 米。

训练要求：

受训人员爬上断桥，行进至断桥断口处并跃过断口，行进至断桥另一端。

训练目的：

克服高空带来的恐惧心理，增强勇气和自信。

装备要求：

经 CE 或 UIAA 国际专业机构认证的专业登山装备，检查装备数量。

序号	名称	数量	单位	序号	名称	数量	单位
1	主保护绳	1	根	6	“D” 形锁	1	把
2	半身式安全带	1	条	7	手套	5	双
3	全身式安全带	1	条	8	安全帽	1	顶
4	“8” 字环	1	个	9	扁带	1	条
5	“O” 形锁	2	把				

人员分组：

以组为单位进行训练，每组 10～12 人。

下达课目：

受训人员以组为单位由教练员带入场地，下达课目。

课目：心理行为训练

内容：凌空跨越

目的：

1. 面对并体验焦虑和恐惧。

2. 培养冷静思考和精细操作的能力。

时间：

训练共计 80 分钟，分为课目操作和交流分享两部分来完成，其中课目操作约 60 分钟，交流分享约 20 分钟。

要求：

1. 严格按照安全规定进行操作。

2. 训练全程严肃认真，不得嬉笑和打闹。

3. 认真体会训练中的心理感受。

训练实施流程：

1. 教练员宣布课目训练规则，安排人员参与训练和保护的顺序并严格执行。

2. 用牵引绳将主保护绳牵引穿过梨形环，挂在梨形环上，主保护绳不得缠绕、打结。将主保护绳靠近器械的一端打一个“8”字结，并将剩下的绳头部分打一个防滑结。

3. 训练队员和保护队员按照规定正确穿戴好全套防护装具。

4. 教练员和主保护队员对照安全检查清单进行细致检查，确保安全无误。

5. 在出发空地处，全体队员环绕成圆形，单手搭于一起，训练队员大声呼喊：“我是 × × ×（名字），我来挑战！”其他队员齐声呐喊：“加油！”以示鼓励。

6. 训练队员站于攀登梯下，面向保护队员，大声询问：“准备好了吗？”保护队员齐声回答：“准备好了！”训练队员再次确认：“我要出发了！”保护队员回答：“我们支持你！”

7. 当爬到断桥上后，先靠在立柱上观察周边环境，感受并调整自己的状态。

8. 缓慢向前移动，此过程中注意保持身体平衡。到达断桥的断口处时，两脚前后自然开立，要将自己习惯起跳的脚放在前面，并将前脚掌微微探出断口，防止跨越时打滑。

9. 训练队员在起跳前要与保护队员进行确认，待确认后起跳跃至断桥另一侧。

10. 利用蜗轮调整断口宽度，再返回至断口处并跨越。

11. 完成任务后，返回至断口处，与主保护队员进行沟通确认，待主保护队员将保护绳收紧后，训练队员双脚离开桥面，双手侧平举或置于身前，由保护队员缓慢放绳降落至地面。

12. 落到地面站稳，待保护队员将主保护绳挂锁解开后，训练队员行进至出发空地，脱下全身防护装具交给下一位受训队员，归队。

评价标准：

从开始攀登至顺利完成任务，即表明挑战成功。在此基础上，训练队员在 2 分钟之内完成评为优秀，4 分钟之内完成评为良好。

训练后交流：

全体受训人员围坐成一圈，分享交流以下内容：

1. 开始接到任务时感觉如何？

2. 站在断桥上准备起跳时有什么感觉？

3. 刚开始你认为任务难以完成，但最终你胜利完成了，是什么因素使你感觉信心十足？

4. 我们能从团队中得到什么力量和支持，现实中如何战胜恐惧和压力？

5. 不敢面对现实中的挑战，害怕失败。我们的身边有没有这样的人？为什么？

观察要素：

1. 接到任务后，是否有些人开始紧张、害怕、找借口逃避，不敢去做。

2. 站在断桥上两腿感是否到无力，不能迈步。

3. 站在断口边，是否给自己许多次鼓励，还是不敢起跳。

4. 有的人站在断口处不经体验就起跳。

5. 是否想放弃，但在队员的鼓励下自己勇敢地做了。

6. 是否有人在培训刚开始时往后躲，但当看到和自己身体条件差不多的队员成功地完成项目后，提出要提前完成项目。

注意事项：

1. 训练队员在一切准备就绪并得到教练员的允许后，方可攀爬器械，攀爬时速度要适中，要保证主保护队员收绳时的速度能跟上自己攀爬的速度，注意攀爬动作不可过快。

2. 训练队员在任务开始进行和结束后均要与主保护队员进行沟通确认后方才可进行下一步动作。

3. 一根主保护绳最多只能保护一名训练队员。

4. 训练队员在任务操作过程中，遇到困难或挫折时，其余队员可掌声鼓励，但避免大声呼喊干扰训练队员操作，更不可起哄。

5. 训练后的分享交流要不受外界的自然因素和人为因素干扰，事先根据课目内容设置一些鼓励、启发、引导性的问题，供受训人员在实践中进行正确的领会和运用，并不断地总结和提炼。

6. 鼓励每一位受训人员参与交流讨论，避免过分宣泄消极情绪。

第四节　绝境逢生

情境模拟：

在战斗中，我侦察分队受领上级命令，要求深入敌后在某高地上方对敌阵地进行侦察。我侦察队员在完成侦察任务准备撤退时被敌发现，敌人派出大量兵力，企图俘获我侦察队员。该高地地势险要，西侧较为平坦，东、南、北三侧均为陡峭山崖。西侧下山道路已被大量敌军占领并进行了火力封锁，从西侧强行突围必然会出现极大伤亡，且成功率极低；高地东侧原有一条沿峭壁开凿的道路，但已被敌用炸药破坏，部分道路损毁严重，路面不仅狭窄且有部分缺失，人员通过危险度极大，故敌对其防守松懈；南北两侧均无下山道路。我侦察队员经分析评判后，决定沿东侧峭壁破损道路下山突围。

器械名称：

绝壁横墙。8 米高空处有一面宽 6 米、高 1.8 米的直立横墙，墙脚处有三块长 1.4 米、宽 20 厘米的行进木板，木板之间相隔 40 厘米。

训练要求：

受训人员爬上横墙，面向（背靠）绝壁通过行进木板走至横墙的另一端。

训练目的：

克服高空带来的恐惧心理，同时掌握好横墙对人体平衡的影响，增强勇气和信心并培养良好的平衡能力。

装备要求：

经 CE 或 UIAA 国际专业机构认证的专业登山装备，检查装备数量。

序号	名称	数量	单位	序号	名称	数量	单位
1	主保护绳	1	根	6	“D”形锁	1	把
2	半身式安全带	1	条	7	手套	5	双
3	全身式安全带	1	条	8	安全帽	1	顶
4	“8”字环	1	个	9	扁带	1	条
5	“O”形锁	2	把				

人员分组：

以组为单位进行训练，每组 10 ~ 12 人。

下达课目：

受训人员以组为单位由教练员带入场地，下达课目。

课目：心理行为训练

内容：绝境逢生

目的：

1. 克服高空恐惧，培养勇气和毅力。

2. 掌握情绪调整的方法，保持良好情绪状态。

3. 提高自信，应对挫折。

时间：

训练共计 80 分钟，分为课目操作和交流分享两部分来完成，其中课目操作约 60 分钟，交流分享约 20 分钟。

要求：

1. 严格按照安全规定进行操作。

2. 训练全程严肃认真，不得嬉笑和打闹。

3. 认真体会训练中的心理感受。

训练实施流程：

1. 教练员宣布课目训练规则，安排人员参与训练和保护的顺序并严格执行。

2. 用牵引绳将主保护绳牵引穿过梨形环，挂在梨形环上，主保护绳不得缠绕、打结。将主保护绳靠近器械的一端打一个“8”字结，并将剩下的绳头部分打一个防滑结。

3. 训练队员与保护队员均按照规定正确穿戴好全套防护装具。

4. 教练员和主保护队员对照安全检查清单进行细致检查，确保安全无误。

5. 在出发空地处，全体队员环绕成圆形，单手搭于一起，训练队员大声呼喊：“我是 × × ×（名字），我来挑战！”其他队员齐声呐喊：“加油！”以示鼓励。

6. 训练队员站于攀登梯下，面向保护队员，大声询问：“准备好了吗？”保护队员齐声回答：“准备好了！”训练队员再次确认：“我要出发了！”保护队员回答：“我们支持你！”

7. 训练队员通过攀登梯到达绝壁横墙左侧，观察周边环境和绝壁横墙下沿行进踏板位置，感受自己的焦虑和恐惧反应，并调整呼吸。

8. 训练队员站至左侧出发地点，背向外，面靠墙壁，沿脚下踏板逐步向绝壁横墙右侧行进。

9. 训练队员行进至绝壁横墙最右侧时，转身，面向外，背向墙壁，返回至绝壁横墙左侧出发位置。

10. 训练队员面向墙壁行进至踏板缺口处停止。

11. 训练队员与主保护队员进行沟通确认，待主保护队员将保护绳收紧后，训练队员双脚离开踏板，双手侧平举或置于身前，由保护队员缓慢放绳降落至地面。

12. 待保护队员将主保护绳挂锁解开后，训练队员行进至出发空地，脱下全身防护装具交给下一位受训队员，归队。

评价标准：

从开始攀登至顺利完成任务，即表明挑战成功。在此基础上，训练队员在 6 分钟之内完成评为优秀，10 分钟之内完成评为良好。

训练后交流：

全体受训人员围坐成一圈，分享交流以下内容：

1. 训练开始前和完成后的心态有什么不同？

2. 在行进过程中的心理感受是怎样的？

3. 是什么力量促使你完成训练？

4. 通过训练你学会了哪些有效自我调适的方法？

观察要素：

在本课目训练中会出现包括以下典型行为在内的多种行为，教练员需注意观察：

1. 看到峭壁的难度后，是否有人立即产生畏难情绪，开始紧张、害怕、逃避，不敢去做。

2. 是否有人觉得项目很简单，自告奋勇第一个来做。

3. 攀爬到悬崖绝壁上时，是否感觉呼吸急促、心跳加快，四肢发抖、无力，手心出汗等。

4. 是否有人在悬崖绝壁上突然提出种种借口想要放弃训练。

5. 在通过踏板中间空缺处时是否动作非常谨慎小心。

6. 是否有人想放弃，但在大家的鼓励下自己勇敢地做了。

7. 训练刚开始时往后躲，但当和自己条件差不多的队员成功地完成训练后，提出要提前完成训练。

注意事项：

1. 训练队员在一切准备就绪并得到教练员的允许后，方可攀爬器械，攀爬时速度要适中，要保证主保护队员收绳的速度能跟上自己攀爬的速度，注意攀爬动作不可过快。

2. 训练队员在任务开始进行和结束后均要与主保护队员进行沟通确认后方才可进行下一步动作。

3. 一根主保护绳最多只能保护一名训练队员。

4. 训练队员在任务操作过程中，遇到困难或挫折时，其余队员可掌声鼓励，但避免大声呼喊干扰训练队员操作，更不可起哄。

5. 训练后的分享交流不应受外界自然因素和人为因素干扰，事先根据课目内容设置一些鼓励、启发、引导性的问题，供受训人员在实践中进行正确的领会和运用，并不断地总结和提炼。

6. 鼓励每一位受训人员参与交流讨论，避免过分宣泄消极情绪。

第五节 勇闯天堑

情境模拟：

在热带雨林战斗中，我部官兵奔袭前往预定战斗地点。前进途中有一山涧，原有一架铁索吊桥连接可供人员通过。当我部官兵到达此地域时发现，吊桥在前期战斗中已被炮火严重损毁，桥面木板缺失，只剩一根吊索还未完全被破坏。为按时抵达预定地点，我部官兵经分析评判后，决定利用此高空吊索和其上空的部分树枝渡过山涧。

器械名称：

绳桥。空中一条钢索长 6 米，直径 1.5 厘米，距地面 8 米。钢索上方垂直悬吊有 5 条软绳，下端距钢索 1.4 米，软绳间距 1 米。

训练要求：

受训人员脚踩钢索，两手交替抓握软绳沿钢索行进至另一端。

训练目的：

克服高空带来的恐惧心理，掌握好人体平衡，增强勇气和信心并培养良好的平衡能力。

装备要求：

经 CE 或 UIAA 国际专业机构认证的专业登山装备，检查装备数量。

序号	名称	数量	单位	序号	名称	数量	单位
1	主保护绳	1	根	6	“D”形锁	1	把
2	半身式安全带	1	条	7	手套	5	双
3	全身式安全带	1	条	8	安全帽	1	顶
4	“8”字环	1	个	9	扁带	1	条
5	“O”形锁	2	把				

人员分组：

以组为单位进行训练，每组 10 ~ 12 人。

下达课目：

受训人员以组为单位由教练员带入场地，下达课目。

课目：心理行为训练

内容：勇闯天堑

目的：

1. 建立突破自我，挑战困难的自信心。

2. 理解自我说服与自我鼓励的重要性。

3. 学会用平常心突破新的、严峻的挑战。

时间：

训练共计 80 分钟，分为课目操作和交流分享两部分来完成，其中课目操作约 60 分钟，交流分享约 20 分钟。

要求：

1. 严格按照安全规定进行操作。

2. 训练全程严肃认真，不得嬉笑和打闹。

3. 认真体会训练中的心理感受。

训练实施流程：

1. 教练员宣布课目训练规则，安排人员参与训练和保护的顺序并严格执行。

2. 用牵引绳将主保护绳牵引穿过梨形环，挂在梨形环上，主保护绳不得缠绕、打结。将主保护绳靠近器械的一端打一个“8”字结，并将剩下的绳头部分打一个防滑结。

3. 训练队员和保护队员按照规定正确穿戴好全套防护装具。

4. 教练员和主保护队员对照安全检查清单进行细致检查，确保安全无误。

5. 在出发空地处，全体队员环绕成圆形，单手搭于一起，训练队员大声呼喊：“我是 × × ×（名字），我来挑战！”其他队员齐声呐喊：“加油！”以示鼓励。

6. 训练队员站于攀登梯下，面向保护队员，大声询问：“准备好了吗？”保护队员齐声回答：“准备好了！”训练队员再次确认：“我要出发了！”保护队员回答：“我们支持你！”

7. 训练队员通过攀登梯到达钢索一侧，观察周边环境和吊索情况，行进至踏板位置，感受自己的焦虑和恐惧反应，并调整呼吸。

8. 训练队员站至钢索起始位置，双手抓紧上方垂直绳索，双脚呈外“八”字站立，保持身体平衡，沿脚下钢索逐步向钢索对侧行进。

9. 训练队员行进过程中，双手交替抓持垂直绳索时，尽量保持绳索垂直方向，切忌摆动过大，双脚移动时，保持下体平衡。

10. 训练队员到达对岸可转身沿钢索返回，动作同前。

11. 训练队员到达对岸时与主保护队员进行沟通确认，待主保护队员将保护绳收紧后，训练队员双脚离开踏板，双手侧平举或置于身前，由保护队员缓慢放绳降落至地面。

12. 待保护队员将主保护绳挂锁解开后，训练队员行进至出发空地，脱下全身防护装具交给下一位受训队员，归队。

评价标准：

从开始攀登至顺利完成任务，即表明挑战成功。在此基础上，训练队员在 3 分钟之内完成评为优秀，6 分钟之内完成评为良好。

训练后交流：

全体受训人员围坐成一圈，分享交流以下内容：

1. 刚开始接到任务时感受如何？

2. 在吊索桥边和穿过吊索桥时分别有怎样的感受？

3. 项目开始前和完成后的心态有什么不同？

4. 通过培训你学会了哪些有效自我调适的方法？

观察要素：

在本课目训练中会出现包括以下典型行为在内的多种行为，教练员需注意观察：

1. 看到吊索桥的难度后，是否有人立即产生畏难情绪，开始紧张、害怕、逃避，不敢去做。

2. 攀爬过程中和爬到吊索桥上时，是否感觉呼吸急促、心跳加快，四肢发抖、无力，手心出汗等。

3. 是否有人在吊索桥上突然提出种种借口想要放弃。

4. 是否有人想放弃，但在大家的鼓励下自己勇敢地做了。

5. 是否有人项目刚开始时往后躲，但当和自己条件差不多的队员成功地完成项目后，提出要提前完成项目。

注意事项：

1. 训练队员在一切准备就绪并得到教练员的允许后，方可攀爬器械，攀爬时速度要适中，要保证主保护队员收绳时的速度能跟上自己攀爬的速度，注意攀爬动作不可过快。

2. 训练队员在任务开始进行和结束后均要与主保护队员进行沟通确认后方才可进行下一步动作。

3. 一根主保护绳最多只能保护一名训练队员。

4. 训练队员在任务操作过程中，遇到困难或挫折时，其余队员可掌声鼓励，但避免大声呼喊干扰训练队员操作，更不可起哄。

5. 训练后的分享交流要不受外界的自然因素和人为因素干扰，事先根据课目内容设置一些鼓励、启发、引导性的问题，供受训人员在实践中进行正确的领会和运用，并不断地总结和提炼。

6. 鼓励每一位受训人员参与交流讨论，避免过度宣泄消极情绪。

第六节　空中越障

情境模拟：

在战斗中，我侦察分队受领上级命令，要求快速深入敌后，对敌阵地指挥部进行侦察定位。敌阵地所在地三面环山，正前方地势平坦，安排有重兵守卫，在对行进路线勘察过程中，发现敌指挥所西侧半山中有一嵌入式狭长且上方有不规则突出物的通道，并且通道的终点有长约四米的断崖区，断崖处可利用上方的粗壮灌木固定绳索制成荡桥，为在指定时间快速到达目的地，且不被敌方发现，我侦察队员经分析评判后，决定沿此通道行进。

器械名称：

“轮胎荡桥+独木桥”。由不同长度链条连接轮胎组成的高空轮胎荡桥和其下方的独木桥横木共同组成。横木长约6米、宽10厘米，轮胎与横木的垂直距离为1.2~1.5米，相邻轮胎间的距离为1米。

训练要求：

受训人员上至器械一侧后，先沿下方横木弓身躲避轮胎到达另一侧，然后通过手抓链条脚踩轮胎内侧的方式依次通过荡桥回至出发点。

训练目的：

克服高空带来的恐惧心理以及轮胎荡桥及独木桥对人体力量、平衡的影响，培养勇气和自信心，增强敢为精神和应对挫折能力。

装备要求：

经CE或UIAA国际专业机构认证的专业登山装备，检查装备数量。

序号	名称	数量	单位	序号	名称	数量	单位
1	主保护绳	1	根	6	“D”形锁	1	把
2	半身式安全带	1	条	7	手套	5	双
3	全身式安全带	1	条	8	安全帽	1	顶
4	“8”字环	1	个	9	扁带	1	条
5	“O”形锁	2	把				

人员分组：

以组为单位进行训练，每组 10～12 人。

下达课目：

受训人员以组为单位由教练员带入场地，下达课目。

课目：心理行为训练

内容：空中越障

目的：

1. 培养勇气和毅力，增强敢为精神和应对挫折能力。

2. 掌握情绪调整的方法，保持良好情绪状态。

3. 提高自信和压力的承受和管理能力。

时间：

训练共计 80 分钟，分为课目操作和交流分享两部分来完成，其中课目操作约 60 分钟，交流分享约 20 分钟。

要求：

1. 严格按照安全规定进行操作。

2. 训练全程严肃认真，不得嬉笑和打闹。

3. 认真体会训练中的心理感受。

训练实施流程：

1. 教练员宣布课目训练规则，安排人员参与训练和保护的顺序并严格执行。

2. 用牵引绳将主保护绳牵引穿过梨形环，挂在梨形环上，主保护绳不得缠绕、打结。将主保护绳靠近器械的一端打一个“8”字结，并将剩下的绳头部分打一个防滑结。

3. 训练队员与保护队员均按照规定正确穿戴好全套防护装具。

4. 教练员和主保护队员对照安全检查清单进行细致检查，确保安全无误。

5. 在出发空地处，全体队员环绕成圆形，单手搭于一起，训练队员大声呼喊：“我是 × × ×（名字），我来挑战！”其他队员齐声呐喊：“加油！”以示鼓励。

6. 训练队员站于攀登梯下，面向保护队员，大声询问："准备好了吗?"保护队员齐声回答："准备好了!"训练队员再次确认："我要出发了!"保护队员回答："我们支持你!"

7. 训练队员通过攀登梯到达横木右侧，观察周边环境和前方通道及上方高低不同轮胎障碍物，感受自己的焦虑、恐惧等心理活动，并调整呼吸。

8. 训练队员站至右侧出发地点，面向前，根据通道轮胎障碍物不同高度调整行进姿态，沿脚下横木逐步向另一端行进。

9. 训练队员行进至最左侧时，再沿攀登梯爬至空中荡桥处，观察周边环境和荡桥的位置，再次感受自己的心理活动变化，并调整呼吸。

10. 通过手抓铁链、脚踩轮胎内缘的方式，依次通过设置的荡桥到达另一侧。

11. 完成项目后，训练队员与主保护队员进行沟通确认，待主保护队员将保护绳收紧后，训练队员双脚离开踏板，双手侧平举或置于身前，由保护队员缓慢放绳降落至地面。

12. 待保护队员将主保护绳挂锁解开后，训练队员行进至出发空地，脱下全身防护装具交给下一位受训队员，归队。

评价标准：

从开始攀登至顺利完成任务，即表明挑战成功。在此基础上，训练队员在 6 分钟之内完成评为优秀，10 分钟之内完成评为良好。

训练后交流：

全体受训人员围坐成一圈，分享交流以下内容：

1. 训练开始前和完成后的心态有什么不同?

2. 在行进过程中心里的感受是怎样的?

3. 是什么力量促使你完成训练?

4. 通过训练你学会了哪些有效自我调适的方法?

观察要素：

在本课目训练中会出现包括以下典型行为在内的多种行为，教练员需注意观察：

1. 看到项目的难度后，是否有人立即产生畏难情绪，开始紧张、害怕、逃避，不敢去做。

2. 是否有人觉得项目很简单，自告奋勇第一个来做。

3. 攀爬到空中横木和荡桥出发点时，是否感觉呼吸急促、心跳加快，四肢发抖、无力，手心出汗等。

4. 是否有人在空中横木和荡桥处突然提出种种借口想要放弃训练。

5. 在通过空中横木时动作是否非常谨慎小心。

6. 是否有人想放弃，但在大家的鼓励下自己勇敢地做了。

7. 是否有人训练刚开始时往后躲，但当和自己条件差不多的队员成功地完成训练后，提出要提前完成训练。

注意事项：

1. 训练队员在一切准备就绪并得到教练员的允许后，方可攀爬器械，攀爬时速度要适中，要保证主保护队员收绳的速度能跟上自己攀爬的速度，注意攀爬动作不可过快。

2. 训练队员在任务开始进行和结束后均要与主保护队员进行沟通确认后方才可进行下一步动作。

3. 一根主保护绳最多只能保护一名训练队员。

4. 训练队员在任务操作过程中，遇到困难或挫折时，其余队员可掌声鼓励，但避免大声呼喊干扰训练队员操作，更不可起哄。

5. 训练后的分享交流要不受外界的自然因素和人为因素干扰，事先根据课目内容设置一些鼓励、启发、引导性的问题，供受训人员在实践中进行正确的领会和运用，并不断地总结和提炼。

6. 鼓励每一位受训人员参与交流讨论，避免过度宣泄消极情绪。

第七节　勇往直前

情境模拟：

在歼灭战中，敌人利用前期在陆地上设置的路障和一条自然河流负隅顽抗。我部官兵需首先越过路面上的路障，然后利用河流中半固定的浮木快速通过河流抵达对岸后对敌实施歼灭。

器械名称：

“绳网 + 原木秋千”。绳网为由绳索编织而成的两块呈对角分布的垂直网状障碍，每块网状障碍宽 2.8 米、高 4 米，网眼大小约为 13 厘米 × 13 厘米。原木秋千在绳网上方，由四个原木秋千构成，每个秋千底端原木宽 70 厘米，距绳网上部横梁 50 厘米，距地面 8.5 米，秋千吊索长 3.5 米，相邻秋千间距离 55 厘米。

训练要求：

受训人员从地面开始通过绳网网眼向上攀爬至网状障碍顶端横梁，然后通过原木秋千行进至横梁另一端。

训练目的：

掌握快速攀爬的技能，克服高空带来的心理恐惧和秋千摆动对身体平衡的影响，增强身体协调能力，培养自信、勇敢、冷静、积极的品质。

装备要求：

经 CE 或 UIAA 国际专业机构认证的专业登山装备，检查装备数量。

序号	名称	数量	单位	序号	名称	数量	单位
1	主保护绳	1	根	6	“D”形锁	1	把
2	半身式安全带	1	条	7	手套	5	双
3	全身式安全带	1	条	8	安全帽	1	顶
4	“8”字环	1	个	9	扁带	1	条
5	“O”形锁	2	把				

人员分组：

以组为单位进行训练，每组 10 ~ 12 人。

下达课目：

受训人员以组为单位由教练员带入场地，下达课目。

课目：心理行为训练

内容：勇往直前

目的：

1. 培养勇气和毅力，增强敢为精神和应对挫折能力。
2. 掌握情绪调整的方法，保持良好情绪状态。
3. 提高在危险环境中保持冷静，迅速做出正确判断的能力。
4. 培养自信、勇敢、冷静、积极的品质。

时间：

训练共计 80 分钟，分为课目操作和交流分享两部分来完成，其中课目操作约 60 分钟，交流分享约 20 分钟。

要求：

1. 严格按照安全规定进行操作。
2. 训练全程严肃认真，不得嬉笑和打闹。
3. 认真体会训练中的心理感受。

训练实施流程：

1. 教练员宣布课目训练规则，安排人员参与训练和保护的顺序并严格执行。
2. 用牵引绳将主保护绳牵引穿过梨形环，挂在梨形环上，主保护绳不得缠绕、打结。将主保护绳靠近器械的一端打一个“8”字结，并将剩下的绳头部分打一个防滑结。

3. 训练队员与保护队员均按照规定正确穿戴好全套防护装具。

4. 教练员和主保护队员对照安全检查清单进行细致检查，确保安全无误。

5. 在出发空地处，全体队员环绕成圆形，单手搭于一起，训练队员大声呼喊：“我是×××（名字），我来挑战！”其他队员齐声呐喊：“加油！”以示鼓励。

6. 训练队员站于攀登梯下，面向保护队员，大声询问：“准备好了吗？”保护队员齐声回答：“准备好了！”训练队员再次确认：“我要出发了！”保护队员回答：“我们支持你！”

7. 训练队员顺绳网向上攀爬至网状障碍顶端，站于横梁之上，观察周边环境和原木秋千位置，体验自己的焦虑和恐惧反应，并调整呼吸。

8. 通过双手抓持秋千吊索、脚踩原木的方式，依次通过四个原木秋千到达横梁另一侧。

9. 训练队员与主保护队员进行沟通确认，待主保护队员将保护绳收紧后，训练队员身体微微向后倾倒，双脚离开器械，双手侧平举或置于身前，由保护队员缓慢放绳降落至地面。

10. 待保护队员将主保护绳挂锁解开后，训练队员行进至出发空地，脱下全身防护装具交给下一位受训队员，归队。

评价标准：

从开始攀登至顺利完成任务，即表明挑战成功。在此基础上，训练队员在5分钟之内完成评为优秀，7分钟之内完成评为良好。

训练后交流：

全体受训人员围坐成一圈，分享交流以下内容：

1. 训练开始前和完成后的心态是否相同？有何改变？

2. 在完成攀爬绳网后是否感觉任务比较轻松，产生松懈情绪？

3. 在开始原木秋千任务后，是否感到任务难度突然增大，产生畏难情绪？

4. 是什么力量促使你完成训练？

5. 通过训练你学会了哪些有效自我调适的方法？

观察要素：

1. 是否有人觉得项目很简单，自告奋勇提出第一个来做。

2. 看到项目的难度后，是否有人立即产生畏难情绪，开始紧张、害怕、逃避，不敢去做。

3. 攀爬到原木秋千出发点时，是否感觉呼吸急促、心跳加快，四肢发抖、无力，手心出汗等。

4. 在原木秋千行进途中是否有人感觉难度太大想要放弃。

5. 是否有人想放弃，但在大家的鼓励下自己勇敢地做了。

6. 是否有人训练刚开始时往后躲，但当和自己条件差不多的队员成功地完成训练后，提出要提前完成训练。

注意事项：

1. 训练队员在一切准备就绪并得到教练员的允许后，方可攀爬器械，攀爬时速度要适中，要保证主保护队员收绳时的速度能跟上自己攀爬的速度，注意攀爬动作不可过快。

2. 训练队员在任务开始进行和结束后均要与主保护队员进行沟通确认后方才可进行下一步动作。

3. 一根主保护绳最多只能保护一名训练队员。

4. 训练队员在任务操作过程中，遇到困难或挫折时，其余队员可掌声鼓励，但避免大声呼喊干扰训练队员操作，更不可起哄。

5. 训练后的分享交流要不受外界的自然因素和人为因素干扰，事先根据课目内容设置一些鼓励、启发、引导性的问题，供受训人员在实践中进行正确的领会和运用，并不断地总结和提炼。

6. 鼓励每一位受训人员参与交流讨论，避免过度宣泄消极情绪。

第八节　飞跃自我

情境模拟：

在城市战斗中，我部受领上级命令，对某大厦进行搜查。由于敌人增援，我部官兵被困大楼顶层，上级派直升机前来接应。战士们只有攀上制高点，腾空跃起，抓住直升机软梯，方可安全离开。

此训练模拟当时的情景要求受训人员爬到器械立柱最高端的圆盘上，等到在立柱上能较好地保持平稳时再飞跃出去抓住前上方的单杠，然后在保护队员的保护下回到地面。

器械名称：

空中单杠。在一根8米高的铁柱前方约1.5米远处，悬挂一根吊杆，吊杆距地面高度为10米，吊杆与铁柱之间的距离可通过顶端滑车进行调节。

训练要求：

受训人员爬上并站立于铁柱顶端，纵身跃起抓住前方悬吊的单杠。

训练目的：

培养战士的敢为精神，激发自信和促发自我超越意识。

装备要求：

经 CE 或 UIAA 国际专业机构认证的专业登山装备，检查装备数量。

序号	名称	数量	单位	序号	名称	数量	单位
1	主保护绳	1	根	6	“D” 形锁	1	把
2	半身式安全带	1	条	7	手套	5	双
3	全身式安全带	1	条	8	安全帽	1	顶
4	“8” 字环	1	个	9	扁带	1	条
5	“O” 形锁	2	把				

人员分组：

以组为单位进行训练，每组 10 ~ 12 人。

下达课目：

受训人员以组为单位由教练员带入场地，下达课目。

课目：心理行为训练

内容：飞跃自我

目的：

1. 战胜恐惧，体验挑战和成功。

2. 发掘潜能。

3. 培养自信、积极、勇敢、全力以赴的行动品质。

时间：

训练共计 80 分钟，分为课目操作和交流分享两部分来完成，其中课目操作约 60 分钟，交流分享约 20 分钟。

要求：

1. 严格按照安全规定进行操作。

2. 训练全程严肃认真，不得嬉笑和打闹。

3. 认真体会训练中的心理感受。

训练实施流程：

1. 教练员宣布课目训练规则，安排人员参与训练和保护的顺序并严格执行。

2. 用牵引绳将主保护绳牵引穿过梨形环，挂在梨形环上，主保护绳不得缠绕、打结。将主保护绳靠近器械的一端打一个“8”字结，并将剩下的绳头部分打一个防滑结。

3. 训练队员与保护队员均按照规定正确穿戴好全套防护装具。

4. 教练员和主保护队员对照安全检查清单进行细致检查，确保安全无误。

5. 在出发空地处，全体队员环绕成圆形，单手搭于一起，训练队员大声呼喊："我是×××（名字），我来挑战！"其他队员齐声呐喊："加油！"以示鼓励。

6. 训练队员站于攀登梯下，面向保护队员，大声询问："准备好了吗？"保护队员齐声回答："准备好了！"训练队员再次确认："我要出发了！"保护队员回答："我们支持你！"

7. 沿攀登梯登到立柱顶部后，面向悬吊的单杠站于顶部圆盘之上，努力调整好自己的状态，保持身体平衡缓慢向前移动，并注意将前脚掌稍稍探出圆盘，防止起跳时打滑。

8. 观察周边环境和前方悬吊单杠的位置，体验心中的恐惧感，并调整个人情绪，准备起跳。

9. 起跳前与保护队员进行确认，待确认后纵身向前方跃起，双手抓住前方悬吊的单杠。

10. 待身体摆动逐渐平稳后，再次与主保护队员进行沟通，待主保护队员将保护绳收紧后，训练队员双手放开单杠，双手侧平举或轻扣住安全带的肩带，由保护队员缓慢放绳降落至地面。

11. 待保护队员将主保护绳挂锁解开后，训练队员行进至出发空地，脱下全身防护装具交给下一位受训队员，归队。

评价标准：

从开始攀登至顺利完成任务，即表明挑战成功。在此基础上，训练队员在 3 分钟之内完成评为优秀，5 分钟之内完成评为良好。

训练后交流：

全体受训人员围坐成一圈，分享交流以下内容：

1. 开始接到任务时，心里的感觉如何？

2. 爬到圆盘上站立起来和准备起跳时有什么感觉？

3. 站在立柱上准备起跳前，有没有给自己设立目标？

4. 是什么力量促使你完成了任务？

5. 抓住单杠的那一瞬间有什么感受？

6. 有没有担心完不成会被战友取笑？

7. 项目开始前和完成后的心态有什么不同？

8. 在现实工作中我们是否能抓住成功的机会？

9. 训练中的启示对学习和生活有哪些帮助？

观察要素：

1. 接到任务后是否有人开始感到紧张。

2. 攀爬过程中和爬到立柱上时，是否有人感觉呼吸急促、心跳加快等。

3. 站在立柱上时，是否有人感到身体摇晃得非常厉害，无法站稳。

4. 是否有人在爬到立柱上时突然提出害怕、不做了、或找借口说自己身体有问题等想放弃。

5. 是否有人在爬到立柱上时突然起跳或不经体验和停顿就急于起跳。

6. 是否有人犹豫再三不敢起跳。

7. 是否有人完成任务后用手抓住保护绳或抓住单杠不敢放手。

8. 是否有人想放弃，但在大家的鼓励下自己勇敢地做了。

9. 是否有人在项目刚开始时往后躲，但当和自己条件差不多的队员成功地完成项目后，提出要提前完成项目。

注意事项：

1. 训练队员在一切准备就绪并得到教练员的允许后，方可攀爬器械，攀爬时速度要适中，要保证主保护队员收绳的速度能跟上自己攀爬的速度，注意攀爬动作不可过快。

2. 训练队员在任务开始进行和结束后均要与主保护队员进行沟通确认后方才可进行下一步动作。

3. 一根主保护绳最多只能保护一名训练队员。

4. 训练队员在任务操作过程中，遇到困难或挫折时，其余队员可掌声鼓励，但避免大声呼喊干扰训练队员操作，更不可起哄。

5. 训练后的分享交流要不受外界的自然因素和人为因素干扰，事先根据课目内容设置一些鼓励、启发、引导性的问题，供受训人员在实践中进行正确的领会和运用，并不断地总结和提炼。

6. 鼓励每一位受训人员参与交流讨论，避免过度宣泄消极情绪。

第九节　高空吊索

情境模拟：

在突袭战斗中，我部官兵欲占领敌方高地。行军途中遇一铁索吊桥，年久失修，桥面木板大部已毁损，两侧无依靠。为按时抵达预定地点，我部官兵经分析评判后，决定快速通过过此吊索桥，抵达对岸。

器械名称：

高空吊索。吊索桥长 8 米、宽 1 米，相邻木板间距不等，宽度在 0.3 ~ 0.5 米，木板宽 0.2 米。

训练要求：

受训人员通过立柱向上攀爬，爬至 8 米高处后手脚并用，爬行通过吊桥。

训练目的：

掌握在吊索桥上的平衡技巧，提升体能，锻炼胆识，培养自我激励、奋发向上的精神。

装备要求：

经 CE 或 UIAA 国际专业机构认证的专业登山装备，检查装备数量。

序号	名称	数量	单位	序号	名称	数量	单位
1	主保护绳	1	根	6	“D”形锁	1	把
2	半身式安全带	1	条	7	手套	5	双
3	全身式安全带	1	条	8	安全帽	1	顶
4	“8”字环	1	个	9	扁带	1	条
5	“O”形锁	2	把				

人员分组：

以组为单位进行训练，每组 10 ~ 12 人。

下达课目：

受训人员以组为单位由教练员带入场地，下达课目。

课目：心理行为训练

内容：高空吊索

目的：

1. 培养学员勇往直前、敢为人先的精神。

2. 提升面对压力克服恐惧的调控能力。

3. 增强学员在特殊环境下应对困难的能力和身体平衡能力。

时间：

训练共计 80 分钟，分为课目操作和交流分享两部分来完成，其中课目操作约 60 分钟，交流分享约 20 分钟。

要求：

1. 严格按照安全规定进行操作。

2. 训练全程严肃认真，不得嬉笑和打闹。

3. 认真体会训练中的心理感受。

训练实施流程：

1. 教练员宣布课目训练规则，安排人员参与训练和保护的顺序并严格执行。

2. 用牵引绳将“主保护绳”牵引穿过梨形环，挂在梨形环上，绳子不得缠绕、不得打结。将“主保护绳”靠近器械的一端打一个“8”字结，并将剩下的绳头部分打一个防滑结。

3. 训练队员和保护队员按照规定正确穿戴好全套防护装具。

4. 教练员和主保护队员对照安全检查清单进行细致检查，确保安全无误。

5. 在出发空地处，全体队员环绕成圆形，单手搭于一起，训练队员大声呼喊：“我是×××（名字），我来挑战！”其他队员齐声呐喊：“加油！”以示鼓励。

6. 训练队员站于软梯下，面向保护队员，大声询问：“准备好了吗？”

7. 保护队员齐声回答：“准备好了！”

8. 训练队员再次确认：“我要出发了！”

9. 保护队员回答：“我们支持你！”

10. 训练队员到达吊索攀爬时尽量保持身体平衡，避免吊索左右大幅摆动及旋转，同时观察周边环境，感受自己的焦虑和恐惧心理，并调整呼吸。

11. 训练队员通过吊索到达立柱后，缓慢自行下降至地面。

12. 待保护队员将主保护绳挂锁解开后，训练队员行进至出发空地，脱下全身防护装具交给下一位受训队员，归队。

评价标准：

从开始攀登始至完成任务止，按完成时间进行评价，训练队员在4分钟之内完成为优秀，6分钟之内完成良好。

训练后交流：

全体受训人员围坐成一圈，分享交流以下内容：

1. 看到摇摆的吊索时心理感觉如何？

2. 攀爬之前有没有设立自己的目标？其依据是什么？

3. 当你在吊索桥上摇摆时感到难以控制身体或体力不支时，是用什么方法控制紧张和恐惧的情绪的？

4. 该项目对你心理上的挑战在哪里？

5. 当挑战成功时心理的变化？

观察要素：

在本课目训练中会出现包括以下典型行为在内的多种行为，教练员需注意观察：

1. 大家在接到任务后是否表现出比较明显的兴奋和紧张，是否也有人认为很容易，满不在乎。

2. 看到器械后是否有些人开始紧张、害怕、逃避，不敢去做。

3. 是否有人会自告奋勇第一个来做，上升至高空时是否由于体力不支导致动作僵硬，行动迟缓。

4. 攀爬过程中，尤其是吊索摆动，甚至翻转时是否感觉身体难以控制、呼吸急促、心跳加快，有没有人突然提出害怕、不做了的要求。

5. 是否有人觉得体力消耗比较大、体力不支以为达到身体极限如何克服。

注意事项：

1. 训练队员在一切准备就绪并得到教员的允许后，方可攀爬器械，攀爬时速度要适中，要保证主保护队员收绳时的速度能跟上自己攀爬的速度，注意攀爬动作不可过快。

2. 训练队员在任务开始进行和结束后均要与主保护队员进行沟通确认后方才可进行下一步动作。

3. 一根主保护绳最多只能保护一名受训人员。

4. 训练队员在任务操作过程中，遇到困难或挫折时，其余队员可掌声鼓励，但避免大声呼喊干扰训练队员操作，更不可起哄。

5. 训练后的分享交流要不受外界的自然因素和人为因素干扰，事先根据课目内容设置一些鼓励、启发、引导性的问题，供受训人员在实践中进行正确的领会和运用，并不断地总结和提炼。

6. 鼓励每一位受训人员参与交流讨论，避免过度宣泄消极情绪。

第十节　风雨彩虹

情境模拟：

在高楼火灾救援中，欲通过临近高楼抵达对面着火高楼救援受困群众，两楼无衔接物，只有两根电缆连接（已断电），其中一根已经松弛并悬垂，为更快到达对面营救受困群众，我救援官兵决定利用电缆，以滑索方式抵达对面楼顶。

器械名称：

“固定绳索+悬垂绳索”。固定绳索长8米，另一根根绳索呈“S”形悬挂于主绳索。

训练要求：

受训人员从地面开始通过立柱攀爬至起始点，然后通过两根绳索行进至另一端。

训练目的：

掌握快速攀爬的技能，克服高空带来的心理恐惧和绳索摆动对身体平衡的影响，增强身体协调能力，培养自信、勇敢、冷静、积极的品质。

装备要求：

经 CE 或 UIAA 国际专业机构认证的专业登山装备，检查装备数量。

序号	名称	数量	单位
1	主保护绳	1	根
2	半身式安全带	1	条
3	全身式安全带	1	条
4	“8”字环	1	个
5	“O”形锁	2	把
6	“D”形锁	1	把
7	手套	5	双
8	安全帽	1	顶
9	扁带	1	条

人员分组：

以组为单位进行训练，每组 10 ~ 12 人。

下达课目：

受训人员以组为单位由教练员带入场地，下达课目。

课目：心理行为训练

内容：风雨彩虹

目的：

1. 培养勇气和毅力，增强敢为精神和勇往直前的行动意志。
2. 掌握高空中调整呼吸，放松身体的方法。
3. 提高在危险环境中保持冷静，迅速做出正确判断的能力。

时间：

训练共计 80 分钟，分为课目操作和交流分享两部分来完成，其中课目操作约 60 分钟，交流分享约 20 分钟。

要求：

1. 严格按照安全规定进行操作。
2. 训练全程严肃认真，不得嬉笑和打闹。
3. 认真体会训练中的心理感受。

训练实施流程：

1. 教练员宣布课目训练规则，安排人员参与训练和保护的顺序并严格执行。

2. 用牵引绳将“主保护绳”牵引穿过梨形环，挂在梨形环上，绳子不得缠绕、不得打结。将“主保护绳”靠近器械的一端打一个“8”字结，并将剩下的绳头部分打一个防滑结。

3. 训练队员和保护队员按照规定正确穿戴好全套防护装具。

4. 教练员和主保护队员对照安全检查清单进行细致检查，确保安全无误。

5. 在出发空地处，全体队员环绕成圆形，单手搭于一起，训练队员大声呼喊："我是×××（名字），我来挑战！"其他队员齐声呐喊："加油！"以示鼓励。

6. 训练队员站于绳网下，面向保护队员，大声询问："准备好了吗？"保护队员齐声回答："准备好了！"训练队员再次确认："我要出发了！"保护队员回答："我们支持你！"

7. 训练队员攀爬至起始端，观察周边环境，感受自己的焦虑和恐惧反应，并调整呼吸。

8. 通过双手抓持固定绳索，脚踩悬垂绳索的方式，到达对侧。

9. 训练队员与主保护队员进行沟通确认，待主保护队员将保护绳收紧后，训练队员身体微微向后倾倒，双脚离开器械，双手侧平举或置于身前，由保护队员缓慢放绳降落至地面。

10. 待保护队员将主保护绳挂锁解开后，训练队员行进至出发空地，脱下全身防护装具交给下一位受训队员，归队。

评价标准：

从开始攀登始至完成任务止，按完成时间进行评价，训练队员在 4 分钟之内完成为优秀，6 分钟之内完成良好。

训练后交流：

全体受训人员围坐成一圈，分享交流以下内容：

1. 训练开始前和完成后的心态是否相同？有何改变？

2. 在完成挑战后是否感觉任务比较轻松，产生松懈情绪？

3. 在开始任务后，绳索摆动时是否感到任务难度突然增大，产生畏难情绪？

观察要素：

1. 看到项目有一定难度后，是否有人是否产生畏难情绪，开始害怕、甚至逃避，不敢去做。

2. 是否有人攀爬到绳索出发点时，感觉呼吸急促、心跳加快，四肢发抖、无力，手心出汗等。

3. 是否有人想放弃，但在大家的鼓励下自己勇敢地做了。

注意事项：

1. 训练队员在一切准备就绪并得到教练员的允许后，方可攀爬器械，攀爬时速度要适中，要保证主保护队员收绳时的速度能跟上自己攀爬的速度，注意攀爬动作不可过快。

2. 训练队员在任务开始进行和结束后均要与主保护队员进行沟通确认后方才可进行下一步动作。

3. 一根主保护绳最多只能保护一名受训人员。

4. 训练队员在任务操作过程中，遇到困难或挫折时，其余队员可掌声鼓励，但避免大声呼喊干扰训练队员操作，更不可起哄。

5. 训练后的分享交流要不受外界的自然因素和人为因素干扰，事先根据课目内容设置一些鼓励、启发、引导性的问题，供受训人员在实践中进行正确的领会和运用，并不断地总结和提炼。

6. 鼓励每一位受训人员参与交流讨论，避免过度宣泄消极情绪。

第十一节　生死之旅

情境模拟：

在热带雨林战斗中，我部官兵奔袭前往预定战斗地点。前进途中有一河流，原有一桥梁连接可供人员通过。当我部官兵到达此地域时发现，桥梁在前期战斗中已被炮火严重损毁。为按时抵达预定地点，我部官兵经分析评判后，决定利用木板连接方式连通桥梁，快速渡河。

器械名称：

翘木板。翘木板位于 8 米高空处，木板长 8 米、宽 0.3 米，中间支撑固定，两端无固定。

训练要求：

受训人员从地面开始通过立柱攀爬至起始点，然后通过翘木板行进至另一端。

训练目的：

掌握快速攀爬的技能，克服高空带来的心理恐惧和翘木板摆动对身体平衡的影响，增强身体协调能力，培养自信、勇敢、冷静、积极的品质。

装备要求：

经 CE 或 UIAA 国际专业机构认证的专业登山装备，检查装备数量。

序号	名称	数量	单位	序号	名称	数量	单位
1	主保护绳	1	根	6	“D”形锁	1	把
2	半身式安全带	1	条	7	手套	5	双
3	全身式安全带	1	条	8	安全帽	1	顶
4	“8”字环	1	个	9	扁带	1	条
5	“O”形锁	2	把				

人员分组：

以组为单位进行训练，每组 10 ~ 12 人。

下达课目：

受训人员以组为单位由教练员带入场地，下达课目。

课目：心理行为训练

内容：生死之旅

目的：

1. 体验并战胜恐惧，增强自信与勇气。

2. 锻炼坚决果敢的行为品质。

3. 提高在危险环境中保持镇静的能力，充分挖掘自身潜能。

时间：

训练共计 80 分钟，分为课目操作和交流分享两部分来完成，其中课目操作约 60 分钟，交流分享约 20 分钟。

要求：

1. 严格按照安全规定进行操作。

2. 训练全程严肃认真，不得嬉笑和打闹。

3. 认真体会训练中的心理感受。

训练实施流程：

1. 教练员宣布课目训练规则，安排人员参与训练和保护的顺序并严格执行。

2. 用牵引绳将“主保护绳”牵引穿过梨形环，挂在梨形环上，绳子不得缠绕、不得打结。将“主保护绳”靠近器械的一端打一个“8”字结，并将剩下的绳头部分打一个防滑结。

3. 训练队员与保护队员均按照规定正确穿戴好全套防护装具。

4. 教练员和主保护队员对照安全检查清单进行细致检查，确保安全无误。

5. 在出发空地处，全体队员环绕成圆形，单手搭于一起，训练队员大声呼喊：“我是 × × ×（名字），我来挑战！”其他队员齐声呐喊：“加油！”以示鼓励。

6. 训练队员站于绳网下，面向保护队员，大声询问：“准备好了吗？”

7. 保护队员齐声回答：“准备好了！”

8. 训练队员再次确认：“我要出发了！”

9. 保护队员回答：“我们支持你！”

10. 训练队员攀爬至起始端，观察周边环境，体验自己的焦虑和恐惧反应，并调整呼吸。

11. 脚踩翘木板行进至另一端，行进过程中注意随翘木板的位置改变保持身体平衡。

12. 训练队员与主保护队员进行沟通确认，待主保护队员将保护绳收紧后，训练队员身体微微向后倾倒，双脚离开器械，双手侧平举或置于身前，由保护队员缓慢放绳降落至地面。

13. 待保护队员将主保护绳挂锁解开后，训练队员行进至出发空地，脱下全身防护装具交给下一位受训队员，归队。

评价标准：

从开始攀登始至完成任务止，按完成时间进行评价，训练队员在 4 分钟之内完成为优秀，6 分钟之内完成良好。

训练后交流：

全体受训人员在出发空地处围坐成一圈，分享交流以下内容：

1. 训练开始前和完成后的心态是否相同？有何改变？

2. 在完成挑战后是否感觉任务比较轻松，产生松懈情绪？

3. 在开始任务后，翘木板摆动时是否感到任务难度突然增大，产生畏难情绪？

观察要素：

1. 是否有人觉得项目很简单，自告奋勇第一个来做。

2. 看到项目的难度后，是否有人立即产生畏难情绪，开始紧张、害怕、逃避，不敢去做。

3. 在行进途中尤其是在翘木板摆动时无法移动步伐，是否有人感觉难度太大想要放弃训练。

4. 是否有人想放弃，但在大家的鼓励下还是勇敢地做了。

注意事项：

1. 训练队员在一切准备就绪并得到教练员的允许后，方可攀爬器械，攀爬时速度要适中，要保证主保护队员收绳时的速度能跟上自己攀爬的速度，注意攀爬动作不可过快。

2. 训练队员在任务开始进行和结束后均要与主保护队员进行沟通确认后方才可进行下一步动作。

3. 一根主保护绳最多只能保护一名受训人员。

4. 训练队员在任务操作过程中，遇到困难或挫折时，其余队员可掌声鼓励，但避免大声呼喊干扰训练队员操作，更不可起哄。

5. 训练后的分享交流要不受外界的自然因素和人为因素干扰，事先根据课目内容设置一些鼓励、启发、引导性的问题，供受训人员在实践中进行正确的领会和运用，并不断地总结和提炼。

6. 鼓励每一位受训人员参与交流讨论，避免过度宣泄消极情绪。

附录1　高空训练项目安全措施

一、穿戴防护装具

完成高空项目需要使用的安全装具主要包括：主保护绳、安全帽、全身式安全带、半身式安全带、扁带、“D”形锁、“O”形锁、“8”字环、战术手套。

主保护绳使用：“8”字结打法（图1）：在主保护绳一端约1米处将主保护绳对折，将对折环环绕主保护绳450°后从上方绳环中伸出，在下方用力拉主保护绳将“8”字结收紧，“8”字结上方余留绳环高度约5厘米，剩余绳头保持在10～30厘米。

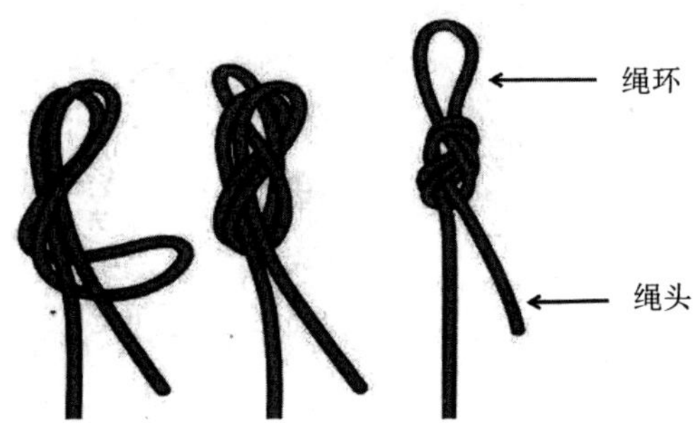

图1　“8”字结打法

防滑结打法：将“8”字结剩余绳头由远离“8”字结方向靠近“8”字结方向绕主保护绳2周，再将绳头向远离“8”字结方向穿过此前围绕主保护绳2周形成的绳环，拉紧绳头，收紧防滑结。

训练队员防护：需要穿戴的防护装具有：安全帽、全身式安全带、扁带、“O”形锁、战术手套。

1. 安全帽（图2）：带有方向标志的一侧朝向前面；通过帽带收紧扣将安全帽固定于训练队员头部，并调节帽带长短使得松紧适度，以左右摇头安全帽不会晃动为宜；安全帽帽檐与训练队员眉毛上方相距两指宽度。

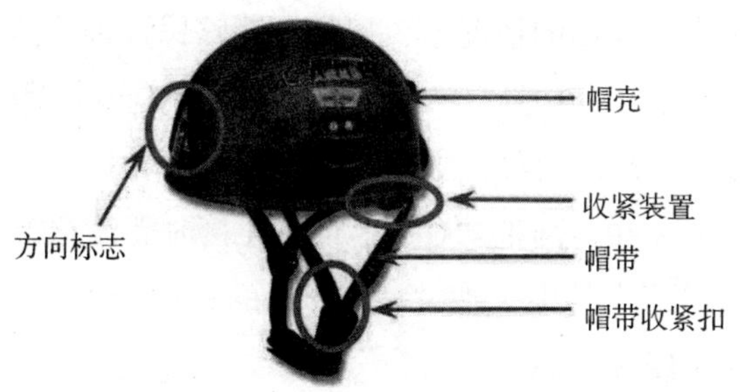

图2 安全帽结构

2. 全身式安全带（图3）：全身式安全带可自行穿戴也可由队友协助穿戴。打开安全带，找到主保护环，双手拿住两侧肩带向两边打开（主保护环在后方）；训练队员两脚从两条肩带之间由上而下穿过腿带，并使腿带收紧扣处于两腿外侧；两手臂像穿背带裤一样向两侧穿过肩带；右手抓腿带收紧带，左手掰收紧扣与收紧带垂直，拉紧到腿部活动不受影响或身体站直时腿带和大腿之间能插入一指，将塑料环推至最末端，整理好收紧带（腿带收紧扣必须小环平行扣在大环上，防止腿带脱落）；右手抓肩带收紧带，左手掰收紧扣与收紧带垂直，拉紧到上身挺直时肩部明显受力，副保护环的位置调整至训练者肚脐位置，整理好收紧带（肩带收紧扣为开放式收紧扣，必须要打好反扣并进行检查）；平行调整防脱扣的位置，使其扣好后高度在训练队员的心窝位置，防止肩带从肩部脱落；队友一手抓主保护环，一手抓背带双手协力向斜下45度用力拉，依次拉伸两侧背带，将主保护环位置调整至训练者后背正中位置，与腋窝下平行。

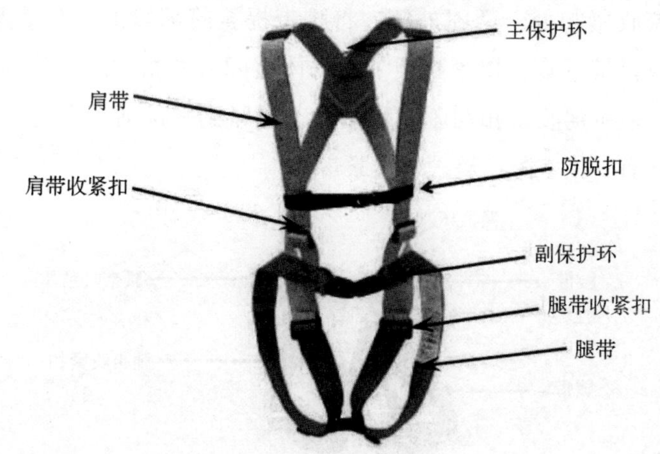

图3 全身式安全带结构

3. 扁带（图4）：将扁带一端从训练队员身上全身式安全带的两个副保护环中穿过，另一端从此端扁带中穿过后与挂在主保护环上的两把“O”形锁连接（扁带对折处一定要避开连接缝线处，以免损坏扁带），起辅助保护的作用。在全身式安全带主保护环在特殊情况下损坏失去作用的情况下，扁带也能够保证训练队员的安全。

4. “O”形锁（图5）：将两把“O”形锁挂在全身式安全带的主保护环上，同时将扁带一端与“O”形锁连接，接着将主保护绳“8”字结上方绳环与“O”形锁连接后将锁门旋紧，再反转1/8扣。两把“O”形锁在连接时需注意锁门须一正一反，即一个向内，一个向外，以保证当其中一把“O”形锁的锁门受外力打开时，另一把“O”形锁锁门仍可保持为完全闭锁状态。

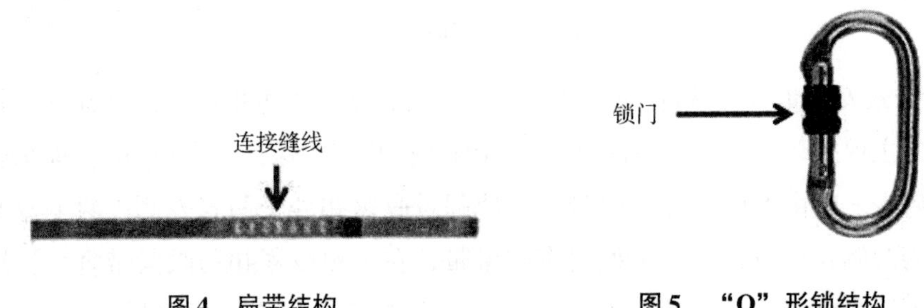

图4　扁带结构　　　**图5　“O”形锁结构**

5. 战术手套：训练队员选择与自己手部大小相适应的战术手套，佩戴后保持手套无松动且不影响手部活动。

主保护队员防护：需要穿戴的防护装具有：半身式安全带、“D”形锁、“8”字环、战术手套。

1. 半身式安全带（图6）：半身式安全带可自行完成穿戴。打开安全带，找到主保护环；双手拿住腰带向两侧展开（保持主保护环在前），两脚从两条腿带之间由上而下穿过腿带，使腿带收紧扣处于两腿外侧，将腰带提至胯部以上；右手抓腰带收紧带，左手掰收紧扣与收紧带垂直，拉紧到腰带与身体之间有两指空隙，整理好收紧带；右手抓腿带收紧带，左手掰收紧扣与收紧带垂直，拉紧到腿部活动不受影响或身体站直时腿带和大腿之间有一指空隙，整理好收紧带。

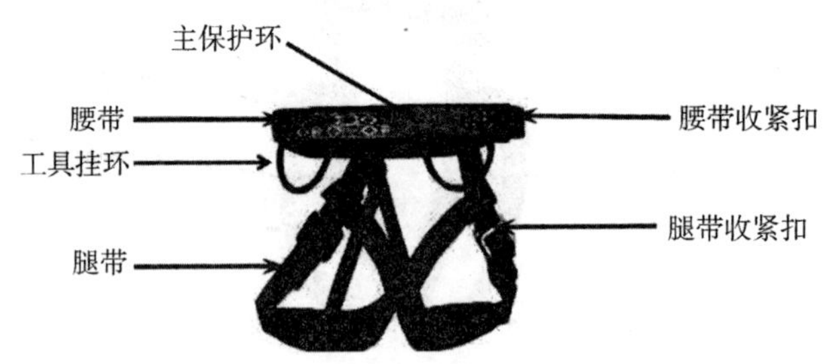

图6　半身式安全带结构

2. “D”形锁（图7）：小头向内，大头向外，锁门向上挂在半身式安全带主保护环上。与“8”字环小环连接后将锁门旋紧，再反转1/8扣，旋转“D”形锁180°使大头向内，小头向外连接“8”字环小环，锁门向下。

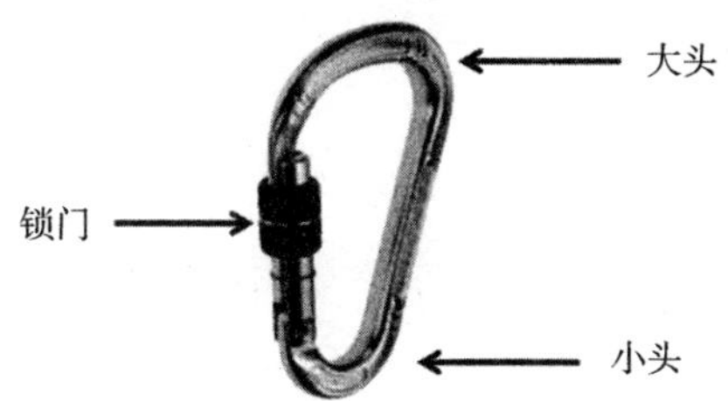

图 7 “D”形锁结构

3. “8”字环（图 8）：将主保护绳非“8”字结一端对折，并将对折环由下向上伸入“8”字环的大环中；再用主保护绳对折环套住“8”字环的小环；最后将小环与“D”形锁连接。

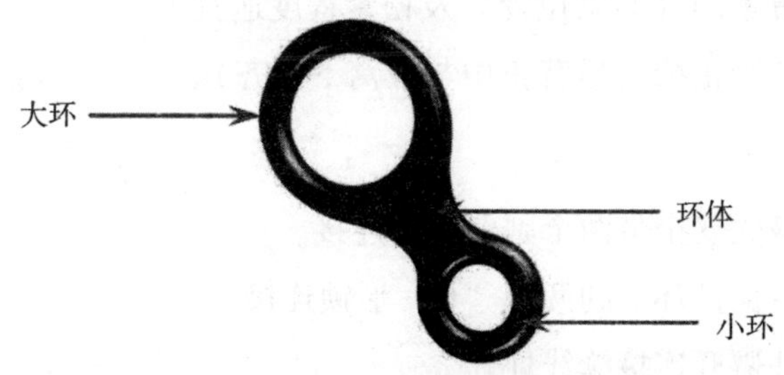

图 8 “8”字环结构

4. 战术手套：主保护队员选择与自己手部大小相适应的战术手套，佩戴后保持手套无松动且不影响手部活动。

副保护队员防护：所有副保护队员均需选择与自己手部大小相适应的战术手套，佩戴后保持手套无松动且不影响手部活动即可。

二、防护安全检查

全体训练队员与保护队员穿戴防护装具后均需进行防护安全检查，确保所有队员安全防护措施准备正确无误，此项工作由教练员和主保护队员共同完成。

（一）训练队员安全检查项目

1. 主保护绳

（1）“8”字结与防滑结正确打结并收紧，绳环与绳头长度适宜。

（2）“8”字结绳环与训练队员主保护环上两把“O”形锁连接。

（3）另一端连接主保护队员“8”字环。

2. 安全帽

（1）前后方向正确。

（2）松紧度适宜。

（3）帽檐与眉毛上方距两指。

3. 全身式安全带

（1）正确穿过腿带和肩带。

（2）腿带位置正确（收紧扣小环平行扣在大环上）及松紧程度适宜。

（3）肩带位置正确（收紧带反扣固定）及松紧程度适宜。

（4）副保护环位置正确（肚脐位置）。

（5）防脱扣位置正确（心窝位置）及松紧程度适宜。

（6）主保护环位置正确（后背正中与腋窝下平齐）。

4. 扁带

（1）一端与全身式安全带两个副保护环连接。

（2）另一端与主保护环上的两把“O”形锁连接。

（3）扁带对折处避开连接缝线处。

5. “O”形锁（两把）

（1）连接主保护绳“8”字结绳环。

（2）连接全身式安全带主保护环。

（3）连接扁带。

（4）锁门一向内一向外。

（5）锁门均已完全闭锁。

6. 战术手套

（1）大小合适。

（2）松紧度适宜。

（3）手部活动灵活无限制。

（二）主保护队员安全检查项目

1. 半身式安全带

（1）正确穿过腰带和腿带。

（2）腰带位置正确及松紧程度适宜。

（3）腿带位置正确及松紧程度适宜。

（4）主保护环位置正确。

2. “D”形锁

（1）大头向内。

（2）小头向外。

（3）锁门向下。

（4）大头连接半身式安全带主保护环。

（5）小头连接“8”字环小环。

（6）锁门完全闭锁。

3. “8”字环

（1）主保护绳对折环穿过大环。

（2）主保护绳对折环套住小环。

（3）小环与“D”形锁连接。

4. 战术手套

（1）大小合适。

（2）松紧度适宜。

（3）手部活动灵活无限制。

（三）副保护队员安全检查项目

战术手套

（1）大小合适。

（2）松紧度适宜。

（3）手部活动灵活无限制。

三、教练员职责

1. 教练员在训练操作开始前向全体受训人员下达训练课目，介绍训练内容、目的、时间、注意事项等，并提出训练要求。

2. 教练员监督主、副保护队员练习保护动作，并确认已熟练掌握保护动作。

3. 要求除主、副保护队员外的其他受训人员要互相帮助穿、脱安全带。

4. 受训人员穿戴完毕全套防护装具后，教练员仔细检查并确认其已穿戴正确。

5. 在训练队员攀爬器械的过程中，要时刻注意监督和纠正主保护队员的不当保护动作，确认保护动作始终正确，并随时提醒全体保护队员集中注意力。

6. 当训练队员站在高空位置上以后，教练员一定要细致观察检查并要求主、副保护队员集中注意力，确认主保护队员的右手已握紧制动绳并且已抵在右胯间。

7. 在整个训练过程中时刻注意保护队员的动作是否正确，精力是否集中。一根主保护绳必须有一名主保护队员、不少于两名副保护队员负责保护。

8. 在训练的整个过程中，教练员要密切关注训练队员全身式安全带上的“O”形锁的锁门是否因运动而有打开的隐患，安全带是否妨碍了运动，如有安全隐患，需及时中止运动。

9. 教练员要监督项目进行的整个过程，一旦发现所用装备出现了违反《心理行为训练高空项目安全系统手册》中规定的情况（如主保护绳接触了明火，表面已经破损等），则须立即停止项目，待更换了新的装备后，方可继续训练。

10. 组织、引导训练后的分享交流并做点评。

四、主保护队员职责

1. 主保护队员需挑选强壮有力、协调性好、责任心强的受训人员担任。

2. 新担任主保护的队员一定要先练习主保护动作，熟练后方可担任主保护工作。

3. 受训人员穿戴完毕全套防护装具后，协同教练员一起仔细检查并确认其已穿戴正确。

4. 严格按照“五步收绳法”的动作要求进行保护。在收绳的整个过程中，要保证至少有一只手始终在制动绳上握紧。

五步收绳法：

准备姿势：主保护队员两脚前后自然站立，左脚在前。左手握住受力绳（“8”字环以上、连在训练队员身上的主保护绳部分），右手握住制动绳（“8”字环以下的主保护绳部分）并将右手抵在右侧胯间。

具体操作步骤：

第一步：将右手握住制动绳沿受力绳的方向用力，向上向远离“8”字环的方向提拉，同时左手握住受力绳配合右手向“8”字环的方向向下捋绳子，左右手配合收绳。

第二步：右手握点不变，让绳子始终受力绷直，向下画弧，抵在右胯间。

第三步：左手从受力绳及“8”字环的下方，移至制动绳右手握点与“8”字环之间，靠近右手握紧。

第四步：左手固定不变，右手移至左手的上方，距离“8”字环5厘米处握紧。

第五步：将左手移至受力绳，还原成准备姿势。

5. 一根主保护绳要求一名队员担任主保护队员，操作时必须戴手套，在训练的整个过程中保持注意力高度集中，主保护队员收绳的收放节奏与训练队员的行进速度保持一致。

6. 从训练队员攀爬开始直到下降前，主保护队员绳收紧的标准是：让训练队员感觉不到明显的拉拽，绳子又近似拉直，不可有较大弧度，只有这样才能保证在整个过程中，训练队员发生坠落时，尽量减少冲坠距离，保护其安全。

7. 当训练队员没有站稳，发生下坠时，主保护队员需控制好自己的平衡，用右手握紧制动绳，并迅速下蹲使主保护绳充分收紧即可。

8. 当训练队员向下降时，主保护队员需将右手虚攥（手指封闭、手掌握空），让主保护绳像流水一样在手中滑动，利用手掌与绳子之间的摩擦力控制绳子的滑动，以控制训练队员的下降速度，当训练队员的脚接触地面后，要握紧并控制好主保护绳，协助训练队员站稳。

9. 在项目进行的整个过程中，主保护队员必须服从教练员的指挥，自始至终集中注意力，认真负责并与副保护队员协调配合。

五、副保护队员职责

1. 在训练过程中需有三名副保护队员，副保护队员必须戴上合适的手套。

2. 副保护队员（甲）站于主保护队员身后，双手紧握主保护队员半身式安全带腰带，防止训练队员在下降或坠落时的冲击力造成主保护队员站立不稳。

3. 副保护队员（乙）站立于主保护队员身后约 1.5 米处，保持绳子有足够的余量让主保护队员完成收绳动作，当主保护队员收紧绳子后，副保护队员（乙）要将自己手中与主保护队员手中之间的绳子收紧到适当长度，但不能影响主保护队员的动作。当训练队员完成任务后，副保护队员（乙）要根据主保护队员控制的速度放送绳子，如主保护队员放得太快，可根据情况握紧绳子以减慢速度或停止下降，待与主保护队员协调后方可继续。

4. 副保护队员（丙）站立于主保护队员身后约 3 米处，配合主保护队员和副保护队员（乙）将收回的主保护绳盘旋收拢或放出，避免主保护绳掉落地面摩擦损坏，并保持主保护绳清洁。

5. 在训练项目进行的整个过程中，全体副保护队员均要求高度集中精力，服从教练员的指挥，认真负责并注意与主保护队员协调配合。

附录2　高空项目器械检查

一、训练前检查

每次使用前，由专职人员对扣件、相应立杆上的钢丝绳、钢丝绳夹、滑车部件、钢丝绳用花篮螺丝、弓形卸扣等安全用品的易磨损、易松动部位全部检查。安全用品的磨损量超过原件的1/10时，应予以更换；钢丝绳有断股的，断股数超过钢丝绳总股数的1/10时应予以更换。松动部位应紧固并锁紧。检查人员工作中应系安全带，戴头盔，对自身进行保护。

（一）上方保护系统

由弓形卸扣、钢丝绳、滑车、花篮螺丝和梨形环五部分组成。

（二）各项目检查环节

1. 高空荡木桥+绳网

（1）绳网在使用前应检查各快速连接扣是否锁紧，绳索是否有断裂现象，严重时应更换。

（2）高空荡木桥训练前应检查各快速连接扣是否锁紧。

2. 活动断桥

（1）每次训练前，应检查固定断桥的U形抱箍是否紧固。

（2）调节断桥宽度的蜗杆、蜗轮在每次训练前应检查是否在规定行程内可自由转动，如发现转动困难应及时抹上黄油。

（3）活动断桥的转轴处是否完好。

3. 空中单杠

（1）每次训练前，应检查与单杠连接的各部件是否有松动现象。

（2）单杠的抱箍在每次训练前应检查是否可在横梁上自由移动，如发现移动困难应及时抹上黄油。

4. 天梯

（1）检查上方保护系统是否紧固。

（2）每次训练前应检查各快速连接扣是否锁紧。

（3）各部件是否锁紧是否有松脱现象。

（4）检查横木是否有裂纹。一般情况下，轴向裂纹均不影响器械使用，只有纵向裂纹影响器械使用。

5. 攀岩

（1）检查上方保护系统是否紧固。

（2）每次训练前必须有专人检查岩点及攀岩板，如发现有松脱现象必须紧固（或有开裂现象必须更换）后方可训练。

6. 相互依存

（1）训练前应检查固定横杠的抱箍是否紧固。

（2）训练前应检查钢丝绳是否达到训练要求，断股数超过总股数的1/10时应更换。

7. 绳桥

（1）检查连接部位是否紧固。

（2）训练前应检查钢丝绳是否还能达到训练要求，断股数超过总股数的1/10时应更换。

（3）在每次训练前应检查棕绳抱夹是否为双螺母并紧固，棕绳有无断裂现象。

8. 绝壁横墙

（1）器械固定端是否紧固。

（2）焊接部位是否有脱焊现象。

9. 独木桥

（1）每次训练前应检查各快速连接扣是否锁紧。

（2）各部件是否锁紧是否有松脱现象。

（3）检查横木是否有裂纹。一般情况下，轴向裂纹均不影响器械使用，只有纵向裂纹影响器械使用。

（三）安全系统装备（个人防护）

1. 主保护绳

当发生以下现象时，应当更换主保护绳：

（1）经受了多次大冲击力的坠落，弹性明显下降。

（2）主保护绳的表皮破损（可看到主保护绳内部的纤维）。

（3）主保护绳的直径发生了变化（如主保护绳内部有细小沙砾、主保护绳内部纤维断裂等导致的主保护绳变粗或变细）。

（4）接触了化学物品。

（5）已使用 4000 人次或 2 年。

2. “O”形锁

当发生以下现象时，应及时更换“O”形锁：

（1）当磨损处的凹槽超出“O”形锁直径的 1/4 时。

（2）当“O”形锁的锁门不能正常开关时。

（3）当锁门的螺丝扣不能正常关闭及扭开时。

（4）当“O”形锁与化学药品接触。

（5）当“O”形锁自高处摔落到坚硬地面后。

（6）当“O”形锁有任何裂痕或严重划痕时。

（7）当“O”形锁有明显撞击痕迹或明显变形时。

（8）已使用 4000 人次或 2 年。

3. 头盔

当发生以下现象时，应及时更换头盔：

（1）经受过较大力量的碰撞后。

（2）收紧装置损坏。

（3）接触过化学物品。

（4）外壳受损出现裂纹或严重划痕时。

（5）已使用 4 年。

4. 安全带

当发生以下现象时，应当更换安全带：

（1）经受了非常大冲击力（冲坠系数大于 0.5 时）的坠落后。

（2）安全带内的扁带受损或过度磨损及接触了化学物品。

（3）缝线处受损。

(4) 卡扣变形或受损。

(5) 已使用 4000 人次或 2 年。

5. 扁带

当发生以下现象时，应当更换扁带：

(1) 经受过较大冲击力的冲坠后。

(2) 磨损情况较严重时。

(3) 接触过化学物品。

(4) 已使用 6000 人次或 2 年。

6. "D" 形锁

当发生以下现象时，应及时更换 "D" 形锁：

(1) 当磨损处的凹槽超出 "D" 形锁直径的 1/4 时。

(2) 当 "D" 形锁的锁门不能正常开关时。

(3) 当锁门的螺丝扣不能正常关闭及扭开时。

(4) 当 "D" 形锁与化学药品接触。

(5) 当 "D" 形锁自高处摔落到坚硬地面后。

(6) 当 "D" 形锁有任何裂痕或严重划痕时。

(7) 当 "D" 形锁有明显撞击痕迹或明显变形时。

(8) 已使用 4000 人次或 2 年。

7. "8" 字环

当发生以下现象时，应当更换 "8" 字环：

(1) 当磨损处的凹槽超出 "8" 字环直径的 1/4 时。

(2) 当 "8" 字环与化学药品接触。

(3) 当 "8" 字环自高处摔落到坚硬地面后。

(4) 当 "8" 字环受到强烈冲击。

(5) 当 "8" 字环有任何裂痕或严重划痕时。

(6) 当 "8" 字环有明显撞击痕迹或明显变形时。

(7) 已使用 6000 人次或 3 年。

二、训练中检查

在每次的训练过程中要密切注意器械的使用情况，一旦发现有危险征兆应立即停止活动对器械进行检查，直到将危险因素排除才可继续使用。

三、训练后检查（日常维护）

1. 每次训练后检查所有钢丝绳绳端是否有抽丝现象。

2. 每经过约 100 人（次）训练后，应立即检查器械各部件结构是否还能达到训练要求，如果出现螺丝松动或损伤等情况，应立即排除完善后，再进行训练。

3. 飞跃自我的独立立柱下方地脚螺栓应至少每月检查一次。

4. 钢丝绳拉耳的焊接部位每月检查一次。

5. 立杆、横梁应每半年做一次防腐处理，锈蚀深度超过钢管壁厚 1/10 时，应予更换。

6. 攀岩至少每半年紧固一次所有岩点及攀岩板。岩板后的连接螺栓至少每半年要紧固一次。

7. 检查攀岩上方的牌子与主支架连接螺栓是否松动或锈蚀。

8. 拉线应至少半年检查收紧度是否能达到训练标准。

9. 钢丝绳至少要每半年擦一次黄油。

10. 所有器械的边角及焊缝要每年春秋各做一次防腐处理。

11. 所有器械每两年做一次防腐处理。

12. 四米墙的后拉杆地脚螺栓连接、后拉杆上部螺栓连接应每半年做一次防腐处理，锈蚀深度超过螺栓直径的 1/10 时，应予更换。

13. 防腐处理时必须先用 300 目纱布将器械打磨干净，再刷一遍底漆，待干后再刷一遍底漆，待底漆干后再刷一遍面漆，最后刷一遍面漆。

四、检查器械的方法

1. 检查人员两人一组对器械进行检查维护。一人上器械时，另一人在地上注意观察，一旦发现安全隐患应立即制止。

2. 上器械时检查人员穿半身式安全带，主保护环上系两条扁带，扁带上各挂一把“D”形锁。

3. 在攀爬过程中，两把锁交替固定在立柱上对自身进行保护。

4. 上到器械待检查部位后，应先将自身固定后，再对器械进行检查。

五、上黄油的方法（单杠、断桥）

1. 单杠：安全员带黄油爬到 3 号柱与横梁交接处，将单杠拉到靠近 3 号柱的位置，将黄油抹到单杠抱箍与滑道之间，而后来回拉动单杠，使黄油均匀分布到滑道上。

2. 断桥：安全员带黄油爬到活动断桥底端，将黄油抹到蜗杆上，而后摇动蜗轮使黄油均匀分布在蜗杆上即可。

参考文献

[1] 郑云正. 心理行为训练实务 [M]. 北京：长征出版社，2008.

[2] 唐文俊. 反恐维稳心理健康指导 [M]. 乌鲁木齐：新疆人民出版社，新疆人民卫生出版社，2019.

[3] 刘志宏，张致刚，张克学. 基层部队心理训练 [M]. 北京：解放军出版社，2011.

[4] 李风池，张敏. 团队心理行为辅导训练 [M]. 北京：军事科学出版社，2014.

[5] 林琳. 部队基层心理骨干培训实用教程 [M]. 北京：国防大学出版社，2014.

[6] 苗丹民. 军事心理学研究 [M]. 西安：第四军医大学出版社，2009.

[7] 叶素贞，曾振华. 情绪管理与心理健康 [M]. 北京：北京大学出版社，2007.

[8] 王福顺. 情绪心理学 [M]. 北京：人民卫生出版社，2018.

[9] 田国秀. 团体心理游戏实用解析 [M]. 北京：学苑出版社，2010.

[10] 张俐，张伟. 军人心理教育训练 [M]. 重庆：西南师范大学出版社，2018.

[11] 张祥斌. 团队拓展训练游戏 [M]. 北京：清华大学出版社，2018.

[12] 杨国愉. 军人团体心理训练 [M]. 重庆：西南师范大学出版社，2016.

[13] 宋华淼，孙从艳. 军人心理健康维护技术方法 [M]. 北京：清华大学出版社，2019.